Carlota Santos

DIE ZEICHEN DER STERNE

Carlota Santos

DIE ZEICHEN DER STERNE

Entdecke die Welt der Astrologie und
erfahre mehr über deine Persönlichkeit
und dein Potenzial

mvgverlag

Bibliografische Information der Deutschen Nationalbibliothek
Die Deutsche Nationalbibliothek verzeichnet diese Publikation in der Deutschen Nationalbibliografie. Detaillierte bibliografische Daten sind im Internet über https://dnb.de abrufbar.

Für Fragen und Anregungen
info@mvg-verlag.de

Wichtiger Hinweis
Dieses Buch ist für Lernzwecke gedacht. Es stellt keinen Ersatz für eine individuelle medizinische Beratung und Ernährungsberatung und sollte auch nicht als solcher benutzt werden. Wenn Sie medizinischen Rat einholen wollen, konsultieren Sie bitte einen qualifizierten Arzt. Der Verlag und der Autor haften für keine nachteiligen Auswirkungen, die in einem direkten oder indirekten Zusammenhang mit den Informationen stehen, die in diesem Buch enthalten sind.

Ausschließlich zum Zweck der besseren Lesbarkeit wurde auf eine genderspezifische Schreibweise sowie eine Mehrfachbezeichnung verzichtet. Alle personenbezogenen Bezeichnungen sind somit geschlechtsneutral zu verstehen.

1. Auflage 2023
© 2023 by mvg Verlag, ein Imprint der Münchner Verlagsgruppe GmbH
Türkenstraße 89
80799 München
Tel.: 089 651285-0
Fax: 089 652096

Die spanische Originalausgabe erschien 2021 bei Penguin Random House Grupo Editorial, S. A. U. unter dem Titel *Constelaciones*. © 2021 by Carlota Santos (@carlotydes). All rights reserved.

Wichtige Hinweise
Ausschließlich zum Zweck der besseren Lesbarkeit wurde auf eine genderspezifische Schreibweise sowie eine Mehrfachbezeichnung verzichtet. Alle personenbezogenen Bezeichnungen sind somit geschlechtsneutral zu verstehen.

Übersetzung: Simone Fischer
Redaktion: Marion Zerbst
Umschlaggestaltung: Karina Braun; Carlota Santos
Umschlagabbildung: Carlota Santos
Layout: Carlota Santos
Satz: Lara Nelles (schere.style.papier), München
Druck: Florjancic Tisk d.o.o., Slowenien
Printed in the EU

ISBN Print 978-3-7474-0502-4
ISBN E-Book (PDF) 978-3-96121-923-0
ISBN E-Book (EPUB, Mobi) 978-3-96121-924-7

Weitere Informationen zum Verlag finden Sie unter

www.mvg-verlag.de

Beachten Sie auch unsere weiteren Verlage unter www.m-vg.de

Für meinen Großvater,
der mich als Kind immer gefragt hat,
warum ich nicht ein Buch
mit meinen Zeichnungen gestalte

Die Zeichen der Sterne ist sowohl eine Einführung in die Astrologie als auch ein Nachschlagewerk, das dir bei all deinen Fragen weiterhilft. Du erfährst, was ein Geburtshoroskop ist, wie man es deutet und noch vieles andere mehr. Lass uns loslegen.

Inhaltsverzeichnis

1. Grundlegende Informationen

Bevor wir uns in die Sterne vertiefen, solltest du dich mit einigen Definitionen vertraut machen.

Astrologie: Das Studium der Sterne aus einer mystischen, philosophischen und magischen Sichtweise. Sie stellt eine Verbindung zwischen den Himmelskörpern und unseren Gefühlen und Beziehungen her; der Art, wie wir uns verhalten und entwickeln und wie kosmische Energien das menschliche Leben, die Geschichte und unsere Beziehung zur Natur beeinflussen.

Astronomie: Das Studium der Himmelskörper des Universums aus einer wissenschaftlichen und physikalischen Perspektive. Es ist wichtig zu verstehen, dass astronomische Entscheidungen und Entdeckungen nicht unbedingt die Astrologie beeinflussen. Zum Beispiel ist das Sternbild Schlangenträger, über das erstmals im 2. Jahrhundert n. Chr. geschrieben wurde, kein Sternzeichen (auch wenn das Gerücht kursiert, die NASA habe es zu einem gemacht). Die Entdeckung von Uranus, Neptun und Pluto ist jedoch etwas ganz anderes, denn sie wurden zu einem Teil der Astrologie, wodurch das moderne Konzept der Herrscherplaneten entstand.

Sternbild: Eine Gruppierung von Sternen, die eine abstrakte Darstellung einer mythologischen Figur, eines Tieres oder Objekts bilden. Alle Kulturen haben die Sternbilder beobachtet, benannt und mit ihrer eigenen Mythologie in Verbindung gebracht.

Horoskop: Ein Teil der vereinfachten Astrologie, der die grundlegenden Eigenschaften von Menschen in Abhängigkeit von ihrem Geburtszeitpunkt erklärt. Es gibt viele verschiedene Arten von Horoskopen (zum Beispiel ägyptische, Maya- und keltische Horoskope), doch am populärsten ist das westliche Horoskop, das griechischen Ursprungs ist.

Sternzeichen: Es gibt zwölf Sternzeichen, auch Tierkreiszeichen genannt. In der Astrologie werden sie meist als Sonnenzeichen bezeichnet. Dein Sternzeichen zeigt an, in welchem Sternbild des Tierkreises die Sonne bei deiner Geburt stand.

Tierkreis: Die Himmelssphäre, die die zwölf Sternbilder umfasst, aus denen sich die Sternzeichen zusammensetzen; sie befinden sich in dem Band, durch das die Ekliptik verläuft.

Tropischer Tierkreis: Das Tierkreissystem, das den $0°$-Punkt des Widders mit dem Beginn des astralen Jahres gleichsetzt. Durch die mathematische Unterteilung der Himmelssphäre in zwölf Teile sind keine Anpassungen erforderlich. Dieses System verwenden wir in unserem Buch als Grundlage.

2. Karte der Sterne: Die Sternbilder

Die folgende Abbildung ist eine zweidimensionale Darstellung beider Hemisphären der Himmelskugel. Sie zeigt die wichtigsten Sternbilder und die Zuordnung der Sternbilder zu den einzelnen Sternzeichen. Jedes Sternzeichen umfasst 30 Grad, sodass die Karte wie eine Uhr aussieht. Diese Zeichnung basiert auf alten Sternkarten des 17. und 18. Jahrhunderts, die an sich bereits Kunstwerke waren und außerdem dazu dienten, sich anhand der Position der Sterne zu orientieren. Aus unserer Perspektive auf der Erde sieht es so aus, als würden die Planeten von einem Sternzeichen zum nächsten wandern. Deshalb sagt man: »Venus ist in die Fische eingetreten« oder »Mars ist im Stier«. Wenn du »Merkur in den Fischen« hast, bedeutet das zum Beispiel, dass Merkur bei deiner Geburt im Zeichen Fische stand.

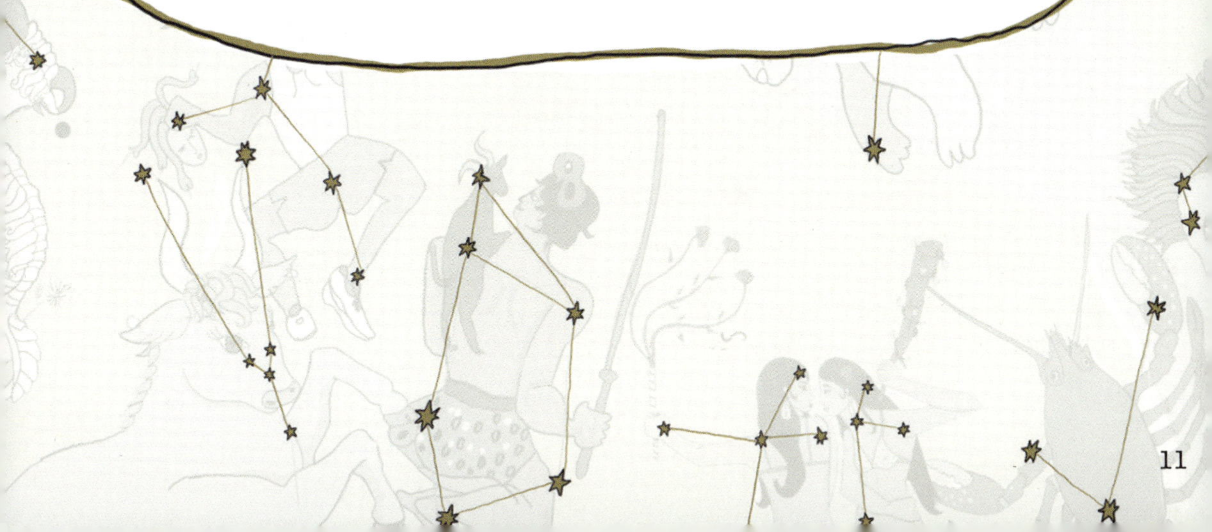

Sternkarte der nördlichen Hemisphäre

PTOLEMÄISCHES WELTBILD
Besagt, dass sich die Erde im Mittelpunkt des Universums befindet.

Die Sternzeichen befinden sich auf einem Himmelsband, das auf der Ekliptik liegt. Da der Widder auf dem Schnittpunkt dieses Bandes mit dem Äquator liegt (siehe Abbildung rechts oben auf S. 13), ist er das erste Sternzeichen.

KOPERNIKANISCHES WELTBILD
Besagt, dass sich die Sonne im Mittelpunkt befindet und die Planeten um sie kreisen. Der Mond dreht sich um die Erde.

12

Sternkarte der südlichen Hemisphäre

HORIZONT

Fische
Widder
Walfisch
Phönix
Schlangenträger
Pfau
Südlicher Ekliptikal
Südpol
Chamäleon
Hase
Orion
Sirius
Zwillinge
Wolf
Zentaur
Schiff Argo
Weibliche des Sternbocks
Wasserschlange
Becher

Das Sternbild Schlangenträger befindet sich zwischen Skorpion und Schütze, ist aber kein Sternzeichen. Vor ein paar Jahren kursierte das Gerücht, die NASA habe es in die Sternzeichen aufgenommen, doch sie kann die Astrologie nicht ändern (siehe S. 10).

Die Sternzeichen

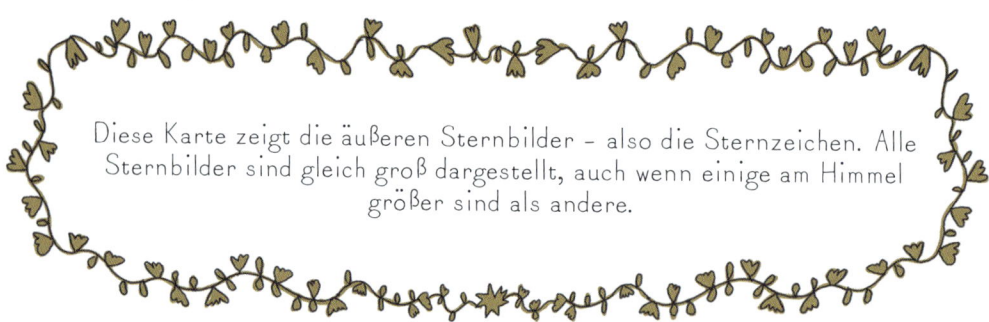

Diese Karte zeigt die äußeren Sternbilder – also die Sternzeichen. Alle Sternbilder sind gleich groß dargestellt, auch wenn einige am Himmel größer sind als andere.

Klassifikation der Sternzeichen

IN DIESEM KAPITEL FINDEST DU EINEN ÜBERBLICK ÜBER DIE EIGENSCHAFTEN JEDES STERNZEICHENS. IM NÄCHSTEN KAPITEL (AB S. 91) SCHAUEN WIR UNS DANN AN, WIE SICH DIESE EIGENSCHAFTEN AUF DIE EINZELNEN PLANETEN AUSWIRKEN.

Elemente (Feuer, Erde, Wasser, Luft)

Feuer (Widder, Löwe, Schütze)

Feuerzeichen sind dominant, kraftvoll, entschlossen, leidenschaftlich, impulsiv, aufbrausend, hartnäckig und charismatisch. Sie haben Führungsqualitäten und sind gesellig und enthusiastisch. Schlimmstenfalls können sie aggressiv, eitel, arrogant und reizbar sein.

Erde (Stier, Jungfrau, Steinbock)

Erdzeichen halten sich an die sichere, handfeste, materielle Seite des Lebens. Sie sind auf praktische Weise kreativ und brauchen Fakten statt Worte, um an etwas zu glauben. Schlimmstenfalls können sie stur, egoistisch und kritisch sein.

Luft (Zwillinge, Waage, Wassermann)

Luftzeichen sind dynamisch, intellektuell, objektiv und kreativ. Sie lieben die Freiheit und sind gesellig und freundlich. Schlimmstenfalls können sie oberflächlich, kalt, rebellisch, hinterlistig und unentschlossen sein.

Wasser (Krebs, Skorpion, Fische)

Wasserzeichen sind emotional, gefühlvoll und einfühlsam. Mit ihrer Intuition können sie über das Materielle oder Überflüssige hinausblicken. Sie interessieren sich für das Spirituelle und Mystische. Schlimmstenfalls können sie infantil, unbeständig und zerstreut sein.

Polaritäten (positiv und negativ)

Die oben beschriebenen vier Sternzeichengruppen (Feuer, Erde, Luft, Wasser) werden wiederum in zwei Polaritäten unterteilt:

Positiv/aktiv/männlich (diese drei Begriffe sind austauschbar) Dazu gehören die Luft- und Feuerzeichen. Menschen, die in diesen Sternzeichen geboren sind oder Planeten in diesen Zeichen haben, ergreifen schnell die Initiative.

Negativ/passiv/weiblich (diese drei Begriffe sind austauschbar) Dazu gehören die Wasser- und Erdzeichen. Menschen, die in diesen Sternzeichen geboren sind oder Planeten in diesen Zeichen haben, sind eher traditionsverhaftet und unveränderlich.

Qualitäten oder Modalitäten (kardinal, fest, beweglich)

Die Qualitäten weisen auf die Haltung hin, die ein Mensch einnimmt, wenn sich die Umstände ändern. Sie helfen uns, die Eigenschaften eines Geburtshoroskops zu klären. Zwei Menschen können demselben Element angehören, dessen Wesen sie aber je nach ihren Qualitäten auf ganz unterschiedliche Weise zum Ausdruck bringen. Die Qualitäten der Sternzeichen zeigen, ob jemand aktiv ist und seine Ziele verfolgt oder ob es ihm schwerfällt, sich Veränderungen zu stellen.

KARDINALZEICHEN
(Widder, Krebs, Waage und Steinbock)

Diese Zeichen markieren den Beginn der Jahreszeiten: Tagundnachtgleiche und Sonnenwende. Sie nehmen Führungspositionen ein und ergreifen in der Regel die Initiative, wenn sie mit einem Problem oder einer Herausforderung konfrontiert werden (vor allem Widder und Steinbock). Sie sind oft unternehmungslustig und haben einen starken Willen.

FESTE ZEICHEN
(Stier, Löwe, Skorpion und Wassermann)

Diese Zeichen liegen in der Mitte der Jahreszeiten (Frühling, Sommer, Herbst und Winter). Sie haben eine starrere Persönlichkeit als die Kardinalzeichen und bevorzugen daher Regeln und Strukturen. Sie sind zäh, hartnäckig und ausdauernd. Es fällt ihnen schwer, mit Veränderungen umzugehen.

BEWEGLICHE ZEICHEN
(Zwillinge, Jungfrau, Schütze und Fische)

Diese Zeichen stehen am Ende einer jeden Jahreszeit. Sie können sich gut an Veränderungen anpassen und sind oft unberechenbar. Außerdem sind sie wandlungsfähig, spontan, vielseitig begabt, widersprüchlich und neigen zu Verantwortungslosigkeit.

Jedem Sternzeichen ist ein Körperteil zugeordnet

Im Mittelalter sah man enge Zusammenhänge zwischen Astrologie und Medizin.
Je nach dem Geburtshoroskop eines Menschen ging man davon aus, dass dieser
besonders anfällig für bestimmte Krankheiten war.

Stier
Kehle, Hals und
Wirbelsäule

Krebs
Atmungsorgane, Brust
und Lunge

Skorpion
Genitalien; Fruchtbar-
keitsstörungen

Schütze
Stütz- und Bewe-
gungsapparat, Ober-
schenkel

Fische
Füße und Nerven-
system

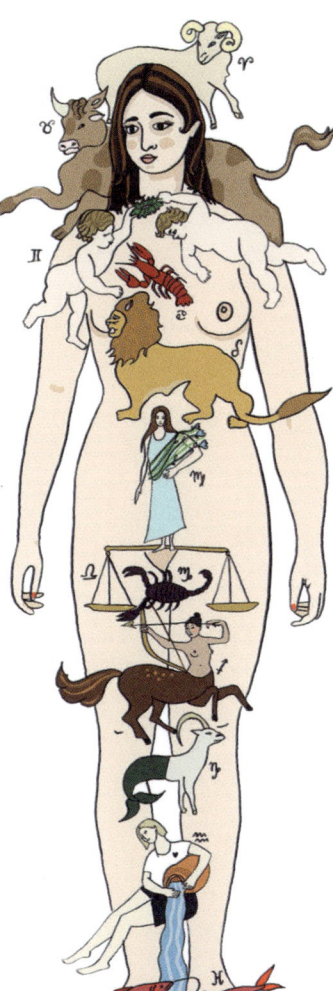

Widder
Kopf, Schädel und Gesicht

Zwillinge
Obere Extremitäten: Arme
und Schultern

Löwe
Magen und Nieren

Jungfrau
Unterleib und Verdau-
ungssystem

Waage
Gesäß und Blut

Steinbock
Skelett, Zähne und Nägel

Wassermann
Waden

Ab S. 19 betrachten wir jedes Sternzeichen einzeln: seine Eigenschaften, den mythologischen Ursprung des entsprechenden Sternbildes und seine Kompatibilitäten in
zwischenmenschlichen Beziehungen. Aber denke daran, dass du dich nicht nur auf das
Sonnenzeichen verlassen kannst, um herauszufinden, wie gut zwei Menschen zueinan-
derpassen! Du musst auch die Positionen von Sonne, Mond, Venus und Mars in deren
Horoskop überprüfen - aber dazu kommen wir später. Jetzt wenden wir uns erst einmal den Komplementärzeichen zu.

Die Achsen: Komplementärzeichen

Die Achsen werden aus einander gegenüberliegenden Sternzeichen gebildet. Mit ihren unterschiedlichen Sensibilitäten ergänzen diese Zeichen
sich perfekt; solche Paare können eine starke Beziehung zueinander
aufbauen. Im Geburtshoroskop von Zwillingen hat der eine die Energie des
Geburtszeichens, der andere die Energie des gegenüberliegenden Zeichens,
ergänzend zu seinem Geschwisterkind – und das gilt nicht nur für
sein Sonnenzeichen, sondern auch für die
Zeichen, in denen die anderen Planeten
stehen (siehe ab S. 91).

ACHSE WIDDER–WAAGE

Beide Zeichen suchen nach Erfüllung.
Gemeinsam werden sie ihre Ziele erreichen, denn das eine bringt Tatendrang
und einen gewissen Egoismus (Widder)
und das andere Ausgeglichenheit und
Harmonie (Waage) mit.

ACHSE STIER–SKORPION

Der leidenschaftliche, provokante Skorpion findet sein Gegenstück im ruhigen, struk-
turierten Stier. Beide Zeichen sind weiblich,
fest und zurückhaltend und geben auch angesichts
von Widrigkeiten nicht auf.

ACHSE ZWILLINGE–SCHÜTZE

Diese beiden männlichen, beweglichen Zeichen sind offen und kontaktfreudig und
passen sich gut an Veränderungen an. Beide sind dynamisch, der Schütze kann
aber eine philosophischere Ader haben. Zwillinge sorgen für Spaß und lehren den
Schützen, das Leben nicht so ernst zu nehmen; der Schütze erweitert wiederum
den Horizont der Zwillinge.

ACHSE KREBS–STEINBOCK

Beide Zeichen sind weiblich und kardinal. Der Steinbock steuert alles bei, was mit
Arbeit, Struktur und Vernunft zu tun hat, während der Krebs mit dem Zuhause,
dem Mütterlichen und den Gefühlen assoziiert wird. Beide sind konventionell und
suchen Sicherheit bei ihrem Partner: Der Realismus des Steinbocks gibt dem Krebs
ein Gefühl der Sicherheit; die Zuneigung des Krebses gibt dem Steinbock ein
Gefühl der Wertschätzung.

ACHSE LÖWE–WASSERMANN

Beide Zeichen sind männlich und fest, aufgeschlossen und fröhlich. Der Löwe ist
Individualist, während der Wassermann (als Luftzeichen) Werte hat, die mehr auf
das Kollektiv, ja sogar auf das Humanitäre ausgerichtet sind. Beide sind Idealisten,
stechen aus der großen Masse hervor, ohne es zu wollen, und gemeinsam können sie
große Veränderungen bewirken.

ACHSE JUNGFRAU–FISCHE

Beide sind beweglich und weiblich. Die Jungfrau ist praxisorientiert und fleißig,
während der Fisch verträumt und gefühlsbetont ist. Gemeinsam ist ihnen ihre
Berufung, anderen Menschen zu helfen, und ihr Mitgefühl. Die Jungfrau hilft dem
Fisch, sich zu erden, und der Fisch hilft der Jungfrau, weit über das Materielle
und Rationale hinauszublicken.

Widder

21. März – 20. April

Herrscherplanet: Mars

Element: Feuer

Qualität: kardinal
Polarität: positiv / männlich

Erstes Haus: Individualität, Selbstbild

Egal, ob bei dir die Sonne oder ein anderer Planet im Widder steht – die hervorstechendste Eigenschaft dieses Sternzeichens besteht in seiner Energie und seinem Enthusiasmus. Widder können etwas streitlustig, sogar stur und aggressiv sein (auch wenn sie es abstreiten). Dass sie das erste Sternzeichen sind, entspricht genau ihrer Rolle: Anführer zu sein. Widder wissen sehr genau, wann, wie und warum sie etwas tun, und sie geben gern Anweisungen, damit alles perfekt läuft. Natürlich kann das zu Problemen führen, wenn es darum geht, zu verhandeln, vor allem mit Menschen, die langsamer oder leiser sind als sie – Widder können recht ungeduldig werden. Sie können auch ein bisschen eifersüchtig oder besitzergreifend sein, aber letztlich sind sie ein charismatisches Zeichen mit umwerfendem Selbstbewusstsein.

```
                    Widder
    Feuerzeichen, kardinal und männlich
           21. März — 20. April
```

Stärken: Sie sind die geborenen Anführer, selbstbewusst, optimistisch, geradlinig, energisch, aktiv und sehr tatkräftig. Sie sind großzügig und niemals scheinheilig. Ihr Zorn vergeht schnell. Sie sind wagemutig, wissen sich zu verteidigen und sind mutig, kontakt- und flirtfreudig.

Schwächen: Sie sind jähzornig und impulsiv. Es fehlt ihnen an Selbstbeherrschung. Sie können auch rechthaberisch sein und nehmen ungern Befehle entgegen. Ihre Geradlinigkeit geht so weit, dass sie unsensibel sein können. Sie neigen zum Jammern. Außerdem riskieren sie zu viel, sind egozentrisch und materialistisch und haben wenig Geduld.

Sternbild

Das Sternbild Widder befindet sich zwischen dem Sternbild Fische (im Westen) und dem Sternbild Stier (im Osten). Andere in der Nähe gelegene Sternbilder sind Perseus, Dreieck und Walfisch (siehe die Sternkarten auf S. 12-13).

Sein hellster Stern ist Arietis, gefolgt von Sheratan, Mesarthim und Botein. Sein Name stammt aus der indischen Sprache Sanskrit, einer der ältesten Sprachen der Welt, sowie aus dem Arabischen. Arietis ist auch als Hamal bekannt, der »Widderkopf« im Arabischen.

Der Herrscherplanet des Widders: Mars

Wie du in »Die astrologischen Planeten« (ab S. 91) sehen wirst, ist Mars der Herrscherplanet des Widders. Er ist der römische Gott des Krieges und wird auch mit aktiver sexueller Energie, Gewalt und Impulsivität in Verbindung gebracht. All diese Eigenschaften spiegeln sich mehr oder weniger stark in diesem leidenschaftlichen und aktiven Zeichen wider.

Widder hat Venus im Exil, die Sonne erhöht und Saturn im Fall. Dies wird ab S. 94 erklärt.

Wie man mit der Widder-Energie umgeht

Wenn du die Sonne oder andere Planeten im Widder hast (siehe ab S. 91, »Die astrologischen Planeten«), kann sich das in bestimmten Eigenschaften äußern. Lass uns herausfinden, wie du das Beste aus dieser intensiven und leidenschaftlichen Energie machen kannst.

Im Allgemeinen sollten Widder sich bemühen, geduldiger und toleranter gegenüber anderen zu sein und Beständigkeit zu entwickeln. Sie haben viel Energie, deshalb ist es für sie vorteilhaft, Sport zu treiben oder sich körperlich zu betätigen, um ihre Aggressivität abzubauen und ihre ganze Kraft auf etwas Positives zu konzentrieren. Widder neigen dazu, gegenüber ihrem Partner etwas dominant zu sein, was nicht unbedingt etwas Negatives ist, aber sie sollten darauf achten, die Gefühle anderer nicht zu verletzen.

Wenn du ein Widder bist und dich mit dieser Beschreibung nicht identifizieren kannst, solltest du dein Geburtshoroskop berechnen (ab S. 134), um herauszufinden, welche Energien und Eigenschaften von anderen Sternzeichen du mitbringst. Wenn Mars im Zeichen Widder steht, ist er sehr stark, und der Betreffende ist sexuell sehr aktiv, möglicherweise impulsiv und risikofreudig in seinem Liebesleben, wie du später noch sehen wirst.

Amulette für den Widder

Der Widder ist ein energiegeladenes und entschlossenes Zeichen. Um all diese Energie zu nutzen, sollte er Amulette tragen, die seine positiven Eigenschaften verstärken und ihm helfen, sich zu entspannen und bei Entscheidungen weniger impulsiv vorzugehen.

Name	Art des Amuletts		Zweck
Rubin	Roter Edelstein		Gleicht seine besitzergreifende Seite aus. Hilft, seine Stimmung zu verbessern und seine Energie ins Gleichgewicht zu bringen.
Amethyst	Lavendelfarbener oder roter Edelstein		Gleicht aus und beruhigt; schützt vor Frustration und Ärger.
Roter Jaspis	Roter (Halbedel-)Stein		Schützt vor negativen Energien; stärkt Geduld und Willenskraft.
Diamant	Durchsichtiger Edelstein		Der Glücksstein des Widders. Verstärkt seine natürliche Strahlkraft und symbolisiert Macht.
Tulpe	Blume		Freundschaftsblume. Verstärkt Enthusiasmus und Energie. Rote Tulpen sind ideal.
Rot	Farbe		Die Glücksfarbe des Widders. Wenn du Widder bist und dich niedergeschlagen fühlst, trage ein rotes Band oder Kleidungsstück; das ist die Farbe deines Herrscherplaneten Mars.

Zugehörige Tarotkarte: Der Herrscher
Jedem Zeichen ist eine Tarotkarte zugeordnet, die einige seiner Eigenschaften symbolisiert. Beim Widder ist es Der Herrscher. Er steht für Macht, Stärke, einen brillanten Menschen mit Autorität. Seine negative Seite kann jedoch zu Gewalt und Machtmissbrauch tendieren.

Berühmte Widder: Quentin Tarantino, Mariah Carey, Robert Downey jr. und Lady Gaga

Ritual für den Widder, um seine Ausdauer zu stärken und gute Schwingungen anzuziehen

Du brauchst:

- 3 gelbe Kerzen
- 1 Amethyst
- 1 weißes Tuch
- Streichhölzer

Durchführung:
Am Abend vor deinem Geburtstag stellst du die Kerzen in Form eines Dreiecks auf und legst den Amethyst in die Mitte. Zünde die Kerzen an, denke an alle Ziele, die du erreichen möchtest, und lass die Kerzen abbrennen. An deinem Geburtstag wickle den Amethyst in ein weißes Tuch und trage ihn dann zehn Tage lang bei dir.

Widder-Kompatibilitäten

Denke daran, neben dem Sonnenzeichen auch dein Mond-, Venus- und Marszeichen zu überprüfen.

+WIDDER
♡ ♡ ♡ ♡ ♡ ♡ ♡ ♡ ♡ ♡

Die starke Persönlichkeit und der Jähzorn der beiden können zu Konflikten führen, aber auf sexueller und geistiger Ebene vertragen sie sich gut.

+STIER
♡ ♡ ♡ ♡ ♡ ♡ ♡ ♡ ♡ ♡

Der Widder ist ungeduldig, und der Stier findet den Widder vielleicht zu aggressiv. Beide sind starrköpfig und kompromisslos, aber ihre gemeinsame Vorliebe für die Freuden des Lebens kann sie einander näherbringen.

+ZWILLINGE
♡ ♡ ♡ ♡ ♡ ♡ ♡ ♡ ♡ ♡

Zwischen diesen Zeichen besteht eine starke Anziehungskraft. Den Widder fasziniert die Redegewandtheit des Zwillings; der Zwilling bewundert das Selbstvertrauen des Widders. Da beide unberechenbar sind, können sie einander überdrüssig werden.

+KREBS
♡ ♡ ♡ ♡ ♡ ♡ ♡ ♡ ♡ ♡

Der Krebs ist sehr sensibel, und die Schroffheit des Widders kann dazu führen, dass die Beziehung scheitert. Beide müssen sich sehr anstrengen, um einander zu verstehen.

+LÖWE
♡ ♡ ♡ ♡ ♡ ♡ ♡ ♡ ♡ ♡

Ein sehr gutes Paar, eines der besten des Tierkreises. Sie beschützen und motivieren sich gegenseitig - zusammen sind sie unbesiegbar.

+JUNGFRAU
♡ ♡ ♡ ♡ ♡ ♡ ♡ ♡ ♡ ♡

Der analytische Verstand der Jungfrau hat nichts mit dem dynamischen und impulsiven Denken des Widders zu tun. Es wird beide Seiten viel Mühe kosten, sich gegenseitig zu verstehen.

+WAAGE
♡ ♡ ♡ ♡ ♡ ♡ ♡ ♡ ♡

Die Waage bringt den Widder ins Gleichgewicht, während der Widder die Waage wiederum zu mehr Entschlossenheit inspiriert. Beide sind etwas materialistisch; sie sollten sich vor Co-Abhängigkeit hüten.

+SKORPION
♡ ♡ ♡ ♡ ♡ ♡ ♡ ♡ ♡ ♡

Beide Zeichen sind intensiv: Körperlich passen sie gut zueinander, aber emotional kann der Skorpion den Widder als zu impulsiv und oberflächlich empfinden, und der Widder kann den Skorpion für absonderlich und pessimistisch halten.

+SCHÜTZE
♡ ♡ ♡ ♡ ♡ ♡ ♡ ♡ ♡ ♡

Obwohl der Schütze etwas unbekümmerter und unabhängiger ist, passen die Energien dieser beiden Zeichen gut zusammen. Sie sind beide leidenschaftlich, dynamisch und lebenslustig.

+STEINBOCK
♡ ♡ ♡ ♡ ♡ ♡ ♡ ♡ ♡ ♡

Die Kälte des Steinbocks kollidiert heftig mit der leidenschaftlichen Veranlagung des Widders. Diese Kombination kann funktionieren, aber das kostet viel Mühe.

+WASSERMANN
♡ ♡ ♡ ♡ ♡ ♡ ♡ ♡ ♡ ♡

Sie haben Spaß miteinander, aber die Eifersucht des Widders kann die Beziehung manchmal belasten, und der Wunsch des Wassermanns nach Freiheit verunsichert den Widder. Obwohl sie sich gegenseitig anziehen, kann es kompliziert werden.

+FISCHE
♡ ♡ ♡ ♡ ♡ ♡ ♡ ♡ ♡ ♡

Obwohl Anziehung vorhanden sein kann, neigt der Widder dazu, den Fisch zu dominieren. Der Fisch kann zu selbstzufrieden werden und sich in dem starken Charakter des Widders verlieren.

Der Mythos des Sternzeichens Widder:

Das Goldene Vlies

Das Sternbild Widder stellt den Widder im griechischen Mythos des Goldenen Vlieses dar. Obwohl der Widder in mehreren Geschichten vorkommt, sind zwei besonders wichtig: der Mythos, der den Ursprung des Sternbilds beschreibt, und die Geschichte von Jason und den Argonauten.

Dies ist die erste Geschichte:

König Athamas hatte aus seiner ersten Ehe mit Königin Nephele zwei Kinder, Helle und Phrixos. Als Nephele verstarb, heiratete er Ino. Sie war grausam und wollte die beiden Kinder ihres Mannes ermorden, damit ihre Kinder das Königreich erbten. Doch der Gott Hermes (oder Zeus, je nach Version), der das Geschehen beobachtete, hatte Mitleid mit Helle und Phrixos und schickte ihnen zur Rettung einen magischen geflügelten Widder (das Vlies). Das Tier flog sie in ein neues Land, doch auf der Flucht fiel Helle ins Meer und starb. Nach diesem Missgeschick vertraute Phrixos nicht mehr auf die Flugkünste des Widders und setzte seine Reise mit ihm zu Fuß fort. Er wanderte, bis er den heiligen Wald des Ares erreichte, der König Aietes gehörte. Der König empfing Phrixos, und aus Dankbarkeit (oder weil er des Widders überdrüssig war) opferte Phrixos den Widder und ließ ihn an einer Eiche im Wald hängen.

Die Götter, die sahen, dass das Vlies seine Aufgabe erfüllt hatte (wobei sie allerdings die Tatsache ignorierten, dass Helle gestorben war), verwandelten es in ein Sternbild, damit man es nie vergessen würde.

Die zweite Geschichte beginnt später, als Jason, Sohn des Aison, geboren wurde. Jason war der rechtmäßige Erbe des Throns von Iolkos, aber der Bruder seines Vaters, Pelias, hatte die Macht übernommen. Das Orakel warnte Pelias: »Du hast den Thron an dich gerissen; wisse, dass einer der Nachkommen deines Bruders nach Rache streben wird.« Pelias wusste, dass das Orakel von Jason sprach, und beauftragte ihn mit einer schier unmöglichen Aufgabe: Er sollte das Goldene Vlies wiederfinden. So begann Jason seine Reise mit den Argonauten. Diese Geschichte ist einer der bekanntesten Mythen.

Damit die Mission gelingen konnte, rekrutierte Jason die besten Krieger, die größten Helden Griechenlands, darunter Herkules und Orpheus. Nach einer langen und ereignisreichen Reise erreichten sie Kolchis, wo Jason König Aietes bat, ihm das Goldene Vlies zu geben. Der König willigte ein, aber nur unter der Bedingung, dass Jason eine schwierige Prüfung bestand: Er musste das Land mithilfe von zwei feuerspeienden Stieren mit Metallbeinen pflügen und dann Drachenzähne aussäen. Aietes hatte Jason nicht davor gewarnt, dass aus diesen Zähnen Kämpfer aus der Erde hervorkommen würden, um ihn anzugreifen.

Medea, Aietes' Tochter, verliebte sich in Jason, gab ihm eine Salbe, die ihn unbesiegbar machte, und erzählte ihm vom Plan ihres Vaters. Jason bestand die Prüfung, tötete den Drachen, der das Vlies bewachte, und floh mit Medea. Nach vielen Schwierigkeiten kehrten die beiden in Pelias' Reich zurück, und die Geschichte hatte ein glückliches Ende.

19. April — 25. April

Scheitelpunkte sind die Tage unmittelbar vor und nach dem astrologischen Sternzeichenwechsel. Menschen, die an diesen Tagen geboren sind, können sich mit Eigenschaften des früheren und des späteren Zeichens identifizieren. Je nach ihrem übrigen Geburtshoroskop fühlen sie sich entweder ihrem Sonnenzeichen oder dem darauffolgenden Zeichen zugehörig.

Der Widder-Stier-Scheitelpunkt vereint zwei der besten Eigenschaften beider Zeichen in sich: die Tatkraft des Widders und die Hartnäckigkeit des Stiers. Diese Scheitelkinder haben in ihrem Fachbereich herausragende Ideen, Initiative, Unternehmergeist und auch genügend Ausdauer, sodass ihr Enthusiasmus nicht erlahmt.
Der energiegeladene Charakter des Widders findet durch den Stier Stabilität. Andererseits verbindet sich das oft unbeherrschte Wesen des Widders mit der Sturheit des Stiers. So können störrische und launische Charaktere entstehen, die aber gleichzeitig auch loyal und beschützend sind.

Stier

21. April - 20. Mai

Herrscherplanet:
Venus

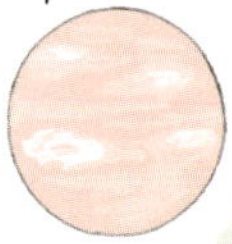

Element: Erde

Qualität: fest
Polarität:
negativ/weiblich

Zweites Haus:
materialistisch,
intellektuell,
talentiert, geschickt

Egal, ob bei dir die Sonne oder ein anderer Planet im Stier steht -
die wichtigsten Eigenschaften dieses Sternzeichens sind Standhaftigkeit,
Beharrlichkeit und Gelassenheit. Da Stier-Frauen von der Venus regiert
werden, sind sie besonders attraktiv. Stiere haben dank der Venus ein
ausgeprägtes ästhetisches Empfinden; sie schätzen eine gepflegte
Umgebung und genießen die Freuden des Lebens. Da sie ein
Erdzeichen sind, brauchen sie Stabilität und sind in ihren Beziehungen
beständig und loyal.
Unter den Erdzeichen, die im Allgemeinen den Ruf haben, ernsthaft und
verantwortungsbewusst zu sein, sind die Stiere am sorglosesten und
lebenslustigsten. Sie können aber auch materialistisch und starrköpfig
sein. Sie finden Sicherheit im Materiellen und verfolgen ihre Ziele
konsequent; aber sie sind faul, wenn eine Aktivität nicht nach
ihrem Geschmack ist. Stieren wird oft nachgesagt, dass sie nur essen
und schlafen wollen, und obwohl das nicht stimmt, kommt
diese Verallgemeinerung daher, dass sie so ruhige und
angenehme Menschen sind.

STIER
Erdzeichen, fest und weiblich
21. April — 20. Mai

Stärken: Sie sind geduldig, freundlich, gelassen, zuverlässig, standhaft, treu und loyal. Wenn es darum geht, Entscheidungen zu treffen, sind sie sehr besonnen. Außerdem sind sie realistisch, vernünftig, praktisch, häuslich und umsichtig.

Schwächen: Sie sind intolerant, starrsinnig und stolz, stur, passiv und materialistisch, haben wenig Initiative und brauchen lange, um Entscheidungen zu treffen. Außerdem sind sie dickköpfig und unbeweglich.

Sternbild

Der hellste Stern im Sternbild Stier ist Aldebaran. Obwohl er schon im Altertum beobachtet wurde, ist sein Name arabisch und bedeutet »der Nachfolgende«, da er den Plejaden zu folgen scheint. Aldebaran befindet sich sehr nahe an der Ekliptik, sodass der Mond ihn häufig und in regelmäßigen Abständen verdeckt. Die Sterne Beta Tauri und Zeta Tauri bilden die Hörner des Stiers.

Der Herrscherplanet des Stiers: Venus

Wie du in »Die astrologischen Planeten« (ab S. 91) sehen wirst, ist Venus die römische Göttin der Liebe und Schönheit, die mit Ästhetik und romantischer Anziehung assoziiert wird. Als weibliches Zeichen, das von Venus regiert wird, sind Stier-Frauen sinnlich und attraktiv und lieben den Luxus.

Stiere können sich in Berufen wie Design, Dekoration oder Mode hervortun, ebenso wie in allen Bereichen, die mit der Fürsorge für schutzlose Menschen zu tun haben, wie Krankenpflege oder Medizin. Außerdem sind Stiere kinder- und tierlieb.

In der griechischen Kultur entspricht der Venus die Göttin Aphrodite. Von ihrem Namen leitet sich das Wort »Aphrodisiakum« her, das »Vergnügen und Genuss schenkend« bedeutet.

Der Stier hat Mars im Exil, den Mond erhöht und Uranus im Fall. Das wird ab S. 94 erklärt.

Wie man mit der Stier-Energie umgeht

Wenn du die Sonne oder andere Planeten im Stier hast (siehe ab S. 91, »Die astrologischen Planeten«), kann sich das in bestimmten Eigenschaften äußern. Lass uns herausfinden, wie du das Beste aus dieser konstanten und ruhigen Energie machen kannst.

Stiere müssen im Lauf ihres Lebens lernen, toleranter gegenüber anderen Menschen, weniger stur und weniger stolz zu sein. Das bedeutet nicht, dass sie ihr Wesen ändern müssen, sondern dass sie lernen sollten, flexibler zu sein, um ihr volles Potenzial auszuschöpfen.

Eine gute Übung für Stiere ist es, ihre Wohnung aufzuräumen und sich von Dingen zu trennen, die sie nicht mehr brauchen. Stiere häufen gern Besitztümer an, daher ist es gut für sie, Dinge zu entsorgen, die ihnen keine Befriedigung mehr schenken, und dafür etwas Besseres oder Lohnenderes zu finden. Wenn der Stier sich gut organisiert und entscheidet, was er wegwerfen soll, kann er sich der Rolle bewusst werden, die diese Gegenstände in seinem Leben gespielt haben, und sie dann loslassen.

Amulette für den Stier

Der Stier ist ein ruhiges und unbeschwertes Zeichen. Die besten Amulette für dieses Zeichen ziehen Sicherheit und materielle Güter an oder helfen dem Stier, Situationen, Menschen oder Objekte loszulassen, die ihn nicht mehr glücklich machen.

Name	Art des Amuletts		Zweck
Lapislazuli	Blauer (Halbedel-)Stein		Hilft dem Stier, seine Spiritualität zu vertiefen und sein Schicksal und seine göttliche Bestimmung zu finden.
Blauer Turmalin	Blauer (Halbedel-)Stein		Fördert Intuition, schnelle Entscheidungsfindung und Spiritualität.
Smaragd	Grüner Edelstein		Stärkt Liebe, Verständnis, Einfühlungsvermögen und Toleranz.
Rosenquarz	Rosa (Halbedel-)Stein		Wird mit Venus, der Göttin der Liebe und dem Herrscherplaneten des Stiers, in Verbindung gebracht; stärkt das Mitgefühl.
Gänseblümchen	Blume		Harmonieblume. Stärkt Belastbarkeit und Freundlichkeit.
Rosa	Farbe		Die Glücksfarbe des Stiers. Ist der Stier traurig oder fühlt sich missverstanden, sollte er ein rosa Kleidungsstück oder Accessoire tragen. Das verleiht Harmonie, Anmut und Ausgeglichenheit.

Zugehörige Tarotkarte: Der Hierophant

Jedem Zeichen ist eine Tarotkarte zugeordnet, die einige seiner Eigenschaften symbolisiert. Beim Stier ist es Der Hierophant. Der Stier steht für Tradition, Sachlichkeit, Ruhe und das Bewährte, genau wie diese Karte.

Berühmte Stiere: Jessica Alba, Megan Fox, Travis Scott, Gigi Hadid, Robert Pattinson, Cher, Penélope Cruz und Königin Elisabeth II. von England

Ritual für Stiere, um Geld und Wohlstand anzuziehen

Du brauchst:

- 1 silberne Kette
- 1 weiße Rose
- 1 weiße Kerze
- 1 grüne Kerze
- Streichhölzer

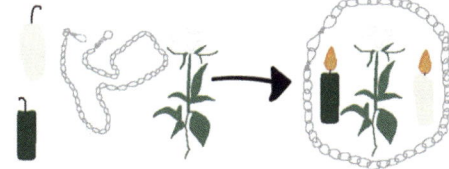

Durchführung:

Lege die Kette am Vorabend deines Geburtstags kreisförmig aus.
Lege die Rose in den Kreis und stelle die beiden Kerzen rechts und links daneben.
Zünde die Kerzen an und sprich: »Glücksgöttin, segne mich mit deinem Licht, ziehe Geld und Reichtum für mich an. Glücksgöttin, erleuchte mich mit deinem Licht.«
Warte, bis die Kerzen heruntergebrannt sind.

Stier-Kompatibilitäten

Denke daran, neben dem Sonnenzeichen auch dein Mond-, Venus- und Marszeichen zu überprüfen.

+ STIER
♥♥♥♥♥♥♥♡

Stier-Partner sind ruhig und beständig. Ihr Mangel an Flexibilität könnte dazu führen, dass sie sich gegenseitig auf die Nerven gehen. Sie sind stur und verfahren sich eventuell in einer Routine (obwohl sie alles Vorhersehbare lieben).

+ ZWILLINGE
♥♥♥♥♥♥♥♥

Die Unabhängigkeit der Zwillinge, ihr schnelles Denken und ihr wandelbares Gemüt können den traditionsbewussten, gelassenen Stier verwirren. Beide Seiten müssen sich anstrengen und viel Taktgefühl aufbringen, damit die Beziehung funktioniert.

+ KREBS
♥♥♥♥♥♥♥♥

Obwohl der Krebs etwas unberechenbar ist, kann der geduldige Stier mit diesen Stimmungsschwankungen umgehen. Er weiß, dass sich unter der Oberfläche des Krebses ein liebevoller Mensch verbirgt, der das Leben in vollen Zügen genießt.

+ LÖWE
♥♥♥♥♥ ♡♡♡♡♡

Das Charisma des Löwen fasziniert den Stier und der Löwe genießt die Aufmerksamkeit des Stiers. Er flirtet jedoch gern und ist egoistisch, was der Stier nicht versteht. Wenn beide sich anstrengen, kann es eine gute Beziehung werden.

+ JUNGFRAU
♥♥♥♥♥♥♥♥♡♡

Da beide Erdzeichen sind, ist die Beziehung entspannt. Die Jungfrau ist verkopfter als der Stier, der das Leben entspannt genießt. Die Jungfrau kann dem Stier helfen, aktiver zu werden, und der Stier kann der Jungfrau helfen, loszulassen.

+ WAAGE
♥♥♥♥♥ ♡♡♡♡♡

Da beide von der Venus regiert werden, finden sie ineinander Inspiration, Harmonie und Schönheit. Die Waage ist jedoch unbeständiger als der Stier, und der Stier könnte das Gefühl haben, dass seine emotionalen Bedürfnisse vernachlässigt werden.

+ SKORPION
♥♥♥♥♥ ♡♡♡♡

Der Stier kann die Sicherheit, die er sucht, in diesem loyalen und gefühlsintensiven Zeichen finden. Der Skorpion ist vielleicht geheimnisvoller und sensibler als der Stier, aber Leidenschaft und dauerhafte Liebe sind möglich.

+ SCHÜTZE
♥♥♥♥ ♡♡♡♡♡

Der Schütze kann nicht stillstehen: Das führt zu einem Frontalzusammenstoß mit dem nachdenklichen und gemächlichen Stier. Wenn die Beziehung funktionieren soll, müssen beide einander viel Freiraum lassen.

+ STEINBOCK
♥♥♥♥♥ ♡♡♡♡♡

Obwohl der Steinbock ehrgeiziger ist, vertreten beide Zeichen traditionelle Werte und brauchen Sicherheit. Die Tatkraft des Steinbocks und die Standhaftigkeit des Stiers garantieren eine hervorragende Beziehung.

+ WASSERMANN
♥♥♥♥ ♡♡♡♡♡♡

Das Selbstvertrauen des Stiers kann den Wassermann faszinieren, ihre emotionalen Bedürfnisse sind aber unterschiedlich. Der Wassermann ist unabhängigkeitsliebend, unruhig und unbeständig, während der Stier am liebsten seine Ruhe hat.

+ FISCHE
♥♥♥♥ ♡♡♡♡♡♡

Die Sensibilität der Fische und die Beständigkeit des Stiers ergänzen sich gut. Problematisch könnten die Gefühlsschwankungen der Fische sein, da der Stier konstanter ist. Die Zärtlichkeit der Fische kann für den Stier unwiderstehlich sein.

+ WIDDER
♥♥♥♥ ♡♡♡♡♡♡

Beide sind stur und kompromisslos. Die Impulsivität des Widders kann dem Stier unverständlich erscheinen, und der Widder könnte den Stier wiederum als zu langsam empfinden und glauben, dass es ihm an Schwung fehlt.

Die Entführung der Europa

Es ist kein Geheimnis, dass Zeus der größte Playboy des Olymps war. Wenn ihm eine Sterbliche gefiel, hatte er kein Problem damit, sie zu entführen, zu vergewaltigen, und dann einfach weiterzuziehen. Die Sage von Europa ist eine typische Zeus-Liebesgeschichte. Europa war sehr schön und hatte typische Mädchenhobbys: zum Beispiel Blumen zu pflücken. Bei einem dieser Spaziergänge begegnete sie Zeus, der sich in einen weißen Stier verwandelt hatte. Als Europa das Tier sah (und nicht wusste, dass es in Wirklichkeit ein lüsterner Gott war), näherte sie sich ihm und streichelte es, fasziniert von seiner Schönheit. Sie flocht dem Stier einen Blumenkranz, und als sie merkte, dass er zahm war, kletterte sie auf seinen Rücken. Zeus nutzte seine Chance und entführte Europa nach Kreta.

Um ihr seine Liebe zu zeigen und zu beweisen, dass er keine bösen Absichten hegte, erschuf Zeus ein Sternbild, das den weißen Stier nachbildete – die Gestalt, die er gewählt hatte, um Europa zu täuschen und zu entführen. Für Zeus war dies wohl der Gipfel der Romantik. So entstand das Sternbild Stier, das zwischen den Sternbildern Widder und Zwillinge liegt.

Europa wurde vom kretischen König empfangen, der sie später heiratete und ihre drei Kinder von Zeus adoptierte. Die früheste Erwähnung dieses Mythos findet sich in der Ilias und in Hesiods Katalog der Frauen. Eine harmlosere Version der Geschichte erzählt, wie Zeus Europa entführt, ihr aber seine wahre Identität offenbart, als sie auf Kreta ankommen, und sie sich seinen Wünschen bedingungslos fügt.

Es heißt, dass Zeus Europa zur Erinnerung an ihr Treffen weitere Geschenke machte: eine von Hephaistos (Gott der Schmiedekunst) gefertigte Halskette; Talos, einen bronzenen Beschützer; Lailaps, einen Hund, dem kein Wild entgehen konnte; und einen Speer, der sein Ziel nie verfehlte.

Die Entführung der Europa hat viele Maler zu Kunstwerken inspiriert: Tizian, Rubens, Rembrandt und Picasso.

Der kretische Stier

Es gibt noch weitere Mythen um den Stier. Einer davon ist die Geschichte vom Minotaurus und dem kretischen Stier, die in den zwölf Aufgaben des Herakles beschrieben wird. In dieser Geschichte versprach der kretische König Minos, Poseidon, dem Gott des Meeres, ein Opfer zu bringen. Zu diesem Zweck schickte Poseidon einen großen, schönen Stier aus dem Meer; doch als Minos den Stier sah, war er so beeindruckt, dass er ihn nicht wie vereinbart Poseidon opferte, sondern ihn behielt. Poseidon empfand das als unverzeihliche Respektlosigkeit und plante seine Rache: Er ließ Minos' Frau Pasiphae in Liebe zu dem Stier entbrennen. Monate später gebar die Königin eine seltsame Kreatur, halb Mensch, halb Stier: den Minotaurus. König Minos war davon sehr betroffen und ließ den Minotaurus einsperren. (Was mit dem Minotaurus geschah, ist eine andere Geschichte.)

Poseidons berühmter Stier war nicht nur groß und schön, sondern auch stark und unbezähmbar. Letztendlich gelang es Herakles, ihn zu bändigen und aus Kreta herauszubringen. Herakles bot den Stier den Göttern als Opfergabe an, doch diese wollten das Opfer nicht annehmen. Da er nicht mehr wusste, was er mit dem Tier anfangen sollte, ließ Herakles es frei. Der Stier trieb sein Unwesen in verschiedenen Städten, bis der Held Theseus das Leben des Tieres schließlich beendete.

17. Mai – 23. Mai

Scheitelpunkte sind die Tage unmittelbar vor und nach dem astrologischen Sternzeichenwechsel. Menschen, die an diesen Tagen geboren sind, können sich mit Eigenschaften des früheren und des späteren Zeichens identifizieren. Je nach ihrem übrigen Geburtshoroskop fühlen sie sich entweder ihrem Sonnenzeichen oder dem daraufolgenden Zeichen zugehörig.

Der Stier-Zwillinge-Scheitelpunkt vereint zwei der besten Eigenschaften beider Zeichen in sich: die Beständigkeit des Stiers und die Neugier des Zwillings. Diese Scheitelkinder sind ernsthaft, beständig und vertrauenswürdig wie ein Stier, stecken aber voller Überraschungen. Sie haben den für Luftzeichen typischen Innovationsgeist und schrullige Ideen.

Auf ihren Partner wirken sie manchmal verwirrend, da sie einerseits viel Vertrauen verlangen, andererseits aber auch ihren Freiraum brauchen und auf ihre Unabhängigkeit pochen.

Zwillinge

21. Mai – 20. Juni

Herrscherplanet: Merkur

Element: Luft

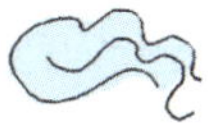

Qualität: beweglich
Polarität: positiv/männlich

Drittes Haus: Kommunikation, Kindheit und Familie

Egal, ob bei dir die Sonne oder ein anderer Planet in den Zwillingen steht – die typischsten Eigenschaften dieses Sternzeichens sind Kommunikationstalent, Anpassungsfähigkeit und Kreativität. Zwillinge haben ein Talent dafür, innovative Lösungen zu finden und diese auf ansprechende Weise zu vermitteln; sie sind gesellig, offen und immer bereit, etwas Neues zu lernen. Sie besitzen zwei Seiten: Einerseits sind sie sehr kontaktfreudig, andererseits sind Zwillinge aber auch tiefgründige Menschen, die Unabhängigkeit und Einsamkeit brauchen. Unter den Luftzeichen, die alle kontaktfreudig sind, gelten Zwillinge als die intellektuellsten.

Zwillinge können gute Schriftsteller, Redner oder Komödianten sein, haben einen ausgeprägten Sinn für Humor und reden gern. Sie sind sehr unabhängigkeitsliebend; ihr Partner sollte ihren Freiraum respektieren und ihnen nicht die Flügel stutzen, sie mit immer wieder neuen Themen anregen und sich von ihren abgefahrenen Ideen nicht abschrecken lassen.

ZWILLINGE
Luftzeichen, beweglich und männlich
21. Mai – 20. Juni

Stärken: Sie sind kommunikativ, freundlich, kreativ, vielseitig, entscheidungsfreudig, neugierig, ausdrucksstark, dynamisch, fantasievoll, fröhlich und charismatisch.

Schwächen: Sie ändern oft ihre Meinung und sind unbeständig, wankelmütig, zerstreut, ruhelos, verantwortungslos, untreu und lügen oft (manchmal nur, um zu gefallen). Außerdem langweilen sie sich schnell, sind heuchlerisch und ungeduldig.

Sternbild

Die Zwillinge liegen ganz in der Nähe des Orion, zwischen den Sternbildern Stier und Krebs. Ihr hellster Stern ist Pollux. Dieser Name bezieht sich auf einen der beiden Zwillinge, die dem Sternbild seinen Namen gegeben haben – ihre Geschichte findest du auf S. 35.

Der Herrscherplanet der Zwillinge: Merkur

Wie du in »Die astrologischen Planeten« (ab S. 91) sehen wirst, ist Merkur sowohl der Herrscherplanet der Zwillinge als auch der der Jungfrau. Merkur ist das griechische Pendant zu Hermes, dem Gott mit den Flügelschuhen, der die Botschaften der Götter überbringt. In der Astrologie ist Merkur für die Kommunikation und sämtliche Formen persönlichen Austauschs zuständig. Dies spiegelt sich im Sternzeichen Zwillinge wider, dem gesprächigsten, charismatischsten und kommunikativsten aller Tierkreiszeichen. Götter, die in anderen Kulturen mit Kommunikation in Verbindung gebracht werden, sind Thot (ägyptischer Gott der Kommunikation und des Schreibens), Ganesha (hinduistischer Gott der Weisheit und Kommunikation) und Loki (skandinavischer Gott der Täuschung und Meister der Beredsamkeit).

Zwillinge haben Jupiter im Exil. Das wird ab S. 94 erklärt. Ebenso wie die Frage, warum Zwillinge weder einen Planeten in Erhöhung noch im Fall haben.

Wie man mit der Zwillinge-Energie umgeht

Wenn du die Sonne oder andere Planeten in den Zwillingen hast (siehe ab S. 91, »Die astrologischen Planeten«), kann sich das in bestimmten Eigenschaften äußern. Lass uns herausfinden, wie du das Beste aus der aufgeschlossenen, manchmal etwas zerstreuten Energie dieses Zeichens machen kannst.

Im Allgemeinen müssen Zwillinge lernen, beständiger zu sein, um das Beste aus ihrer Kreativität zu machen. Sie sind gute Kommunikatoren und sehr charismatisch, müssen aber Einfühlungsvermögen und eine gewisse Strategie entwickeln. Wenn sie keine Planeten in einem Wasser- oder Erdzeichen haben, die diese Eigenschaften abschwächen oder aufheben, haben sie Angst vor Verpflichtungen und langweilen sich oft, wenn ihr Partner nicht für Spaß und neue Anreize sorgt. Wenn du ein Zwilling bist und dich mit dieser Beschreibung nicht identifizieren kannst, solltest du dein Geburtshoroskop berechnen (ab S. 134), um herauszufinden, welche Energien und Eigenschaften von anderen Sternzeichen du mitbringst. Ein ruhiger und stabiler Mond, wie zum Beispiel der Mond im Stier, hebt die Bindungsangst auf und bringt den Betreffenden dazu, stabilere Beziehungen zu suchen und einzugehen. Wenn Merkur im Zeichen Zwillinge steht, ist er sehr stark; solche Menschen verfügen über große Redegewandtheit und Kreativität.

Amulette für den Zwilling

Zwillinge sind zerstreut und kreativ. Für sie eignen sich am besten Amulette, die ihre Kreativität verstärken, ihnen aber auch helfen, sich zu konzentrieren und mehr Ausdauer und Geduld zu entwickeln.

Name	Art des Amuletts		Zweck
Opal	Blauer (Halb-edel)Stein		Der schillernde Stein repräsentiert die Doppelnatur dieses Zeichens, und hilft, die inneren Gegensätze der Zwillinge zu vereinen, und beruhigt sie.
Topas	Gelber (Halb-edel)Stein		Weckt Kreativität, wirkt ausgleichend auf das Gefühlsleben und bringt Glück.
Beryll	Grüner (Halb-edel)Stein		Wird mit Intelligenz assoziiert. Ideal für Meditation und entspanntes Herangehen an Entscheidungen.
Aquamarin	Grünlich-blauer (Halb-edel)Stein		Der Glücksstein der Zwillinge. Verstärkt ihren Charme und ihr logisches Denkvermögen.
Rose	Blume		Wie die Zwillinge hat auch die Rose zwei Seiten: Dornen und Schönheit.
Gelb	Farbe		Die Glücksfarbe der Zwillinge. Wird mit Intellekt, Vernunft und Konzentration assoziiert. Hilft bei der Verwirklichung kreativer Zwillinge-Projekte.

Zugehörige Tarotkarte: Die Liebenden

Jedem Zeichen ist eine Tarotkarte zugeordnet, die einige seiner Eigenschaften symbolisiert. Bei den Zwillingen sind es Die Liebenden. Die Karte symbolisiert nicht nur Paarbeziehungen, sondern auch persönlichen oder geschäftlichen Austausch.

Berühmte Zwillinge: Federico García Lorca, Angelina Jolie, Helena Bonham Carter, Naomi Campbell, Marilyn Monroe und Stevie Nicks

6 DIE LIEBENDEN 6

Ritual für Zwillinge zur Förderung der Ausdauer

Du brauchst:

- Graphitstift
- Papier

Durchführung:

Nutze das Kommunikationstalent dieses Sternzeichens und schreibe am Abend vor deinem Geburtstag einen Brief an dich selbst. Schreibe deine Stärken, deine Ziele und Visionen für die Zukunft auf. Bewahre den Brief unter deiner Matratze auf und lies ihn immer dann, wenn du dich entmutigt fühlst und in Versuchung gerätst, deine Ziele außer Acht zu lassen.

Zwillinge-Kompatibilitäten

Denke daran, neben dem Sonnenzeichen auch dein Mond-, Venus- und Marszeichen zu überprüfen.

+ ZWILLINGE
♥♥♥♥♡♥♥♥♥♥

Beide genießen die Gesellschaft des anderen, und es wird ihnen nie langweilig. Da die beiden etwas wankelmütig sind, kommt vielleicht keine offizielle Beziehung zustande, aber der Spaß ist garantiert.

+ KREBS
♥♥♥♥♥♥♥♥♡♡

Der Krebs sucht nach Sicherheit, einem Heim und Schutz. Der Zwilling dagegen strebt in seinen Beziehungen nach Veränderung, Abenteuer und Innovation. Daher ist es oft kompliziert, eine Übereinstimmung zwischen diesen beiden Zeichen zu erreichen.

+ LÖWE
♥♥♥♥♥♥♥♥♥♥

Zwischen den beiden Zeichen besteht eine starke Anziehungskraft, doch beide sind eher Individualisten. Der Löwe kommt dem Zwilling manchmal etwas egoistisch, oberflächlich und auch zu eifersüchtig vor.

+ JUNGFRAU
♥♥♥♥♥♥♥♥♥♥

Die Routine, Beständigkeit und Ordnung der Jungfrau kollidieren frontal mit der Dynamik des Zwillings. Obwohl sie einen gemeinsamen Herrscher haben, denkt die Jungfrau analytischer und ist ruhiger als der Zwilling.

+ WAAGE
♥♥♥♥♥♥♥♥♥♥

Obwohl der Zwilling die Waage als etwas zu sensibel und unselbstständig empfindet, wird die Waage alles tun, um dem Zwilling zu gefallen, und seinen Freiraum respektieren. Die beiden kommunizieren sehr gut miteinander und haben ähnliche Vorlieben.

+ SKORPION
♥♥♥♥♥♥♥♥♥♥

Eine komplizierte Kombination, in der sich die Besitzgier des Skorpions zeigen kann, da Zwillinge diesem Sternzeichen nicht die Sicherheit bieten, die es braucht. Der Zwilling kann sich wiederum von der Intensität des Skorpions erdrückt fühlen.

+ SCHÜTZE
♥♥♥♥♥♡♥♥♥♥

Tolle Chemie. Sie brauchen beide Freiheit. Der Schütze wird dem Zwilling neue Horizonte eröffnen und ihm helfen, neue Interessen und Hobbys zu entdecken. Abenteuer garantiert.

+ STEINBOCK
♥♥♥♥♡♡♥♥♥♥

Obwohl sich die beiden anfangs zueinander hingezogen fühlen, sucht der Steinbock nach Beständigkeit und Sicherheit, was Zwillinge vielleicht langweilig finden. Eine gute Kombination für eine Freundschaft.

+WASSERMANN
♥♥♥♥♥♡♥♥♥♥

Intellektuell vertragen sie sich gut miteinander, und beide respektieren den Freiraum des anderen. Der Wassermann hat eine eher humanitäre Seite, die den Horizont des Zwillings erweitert.

+ FISCHE
♥♥♥♡♥♡♡♥♥♥

Die Sensibilität und die Tagträumerei der Fische können den Zwilling auf die Palme bringen. Beide sind wankelmütig, und der Fisch kann durch das sprunghafte Verhalten des Zwillings verletzt werden.

+WIDDER
♥♥♥♡♡♡♡♡♡♡

Starke Anziehungskraft – beide gehen gern aus, haben gern Spaß und sind gesellig. Aber die Eifersucht und Explosivität des Widders kann den Zwilling verwirren und ihm das Gefühl geben, ein Gefangener zu sein.

+ STIER
♥♥♥♥♡♡♡♥♥♥

Der Zwilling findet den Stier vielleicht langweilig, und seine Langsamkeit bei Entscheidungen nervt ihn. Die bockige Sturheit des Stiers und die Veränderlichkeit des Zwillings machen es den beiden schwer, miteinander auszukommen.

Der Mythos des Sternzeichens Zwillinge:

Kastor und Pollux

Es gibt mehrere Versionen dieses Mythos, die sich teilweise widersprechen. Schauen wir uns die verbreitetste Version an.

Leda war die Frau von Tyndareos, dem König von Sparta. Sie liebten sich sehr. Leda war wunderschön, und Zeus hatte natürlich Gefallen an ihr gefunden. Da er wusste, dass Leda ihren Mann liebte und (obwohl er ein Gott war) nicht zu einem Stelldichein mit ihm bereit war, kam Zeus auf eine Idee – wie immer von zweifelhafter Moral: Er verwandelte sich in einen Schwan und überlistete Leda dazu, mit ihm zu schlafen. Sie wurde von Zeus schwanger, schlief aber kurz darauf mit ihrem Mann, und auch das blieb nicht ohne Folgen. Leda war somit doppelt schwanger: einmal von Zeus als Schwan und einmal von ihrem Mann.

Neun Monate später entdeckte Leda, dass sie zweimal Zwillinge erwartete, und brachte einen sterblichen Jungen und ein sterbliches Mädchen (Kastor und Klytaimnestra) sowie ein Ei zur Welt. Aus dem Ei schlüpfte das andere Zwillingspaar: Pollux und Helena. Zwei sterbliche Kinder des Königs und zwei Halbgott-Kinder von Zeus. Zwei Jungen und zwei Mädchen. Die Mädchen sind für diese Geschichte unwichtig, daher konzentrieren wir uns auf Kastor und Pollux.

Obwohl Kastor und Pollux verschiedene Väter hatten, waren sie unzertrennlich, liebten einander innig und waren sich auch körperlich verblüffend ähnlich. Als sie älter wurden, entwickelten sie sich zu tüchtigen Kriegern.

Eines Tages hatte Kastor einen Unfall und starb. Voller Trauer flehte Pollux seinen Vater Zeus an, seinem Bruder Unsterblichkeit zu gewähren. Zeus war tief bewegt. Er beschloss, beide unsterblich zu machen, und schuf ein Sternbild zu Ehren dieser beiden sich so nahestehenden Brüder. So entstand das Sternbild Zwillinge.

Darstellung der Zwillinge

Trotz ihres mythologischen Ursprungs als männliche Zwillinge wird das astrologische Sternzeichen Zwillinge manchmal auch durch zwei weibliche Figuren dargestellt. Diese Darstellung kam später auf und wurde in den Horoskopen des 20. Jahrhunderts populär. Sie ist heute beliebter und weiter verbreitet als die von Kastor und Pollux. Diese wurden mit eierschalenförmigen Helmen dargestellt, Kastor mit einer Peitsche (er war ein erfahrener Pferdetrainer) und Pollux mit einer Keule (er war ein Experte im Nahkampf).

Die beiden Zwillingsfrauen hingegen werden meist in langen Kleidern und mit ähnlichen Frisuren dargestellt. Die Illustration in diesem Kapitel kann als Mittelweg betrachtet werden: zwei fast identische weibliche Figuren in moderner Kleidung, aber mit Waffen in den Händen – eine Art Peitsche, aber mit Nelken, und eine mit Blumen geschmückte Keule, um die Doppelnatur der Zwillinge darzustellen: einerseits ihre Leidenschaft für die Kunst und andererseits ihrer eher extrovertierte Seite.

Zwillinge-Phase

19. Juni

28. Juni

Krebs-Phase

Stier ♉
Erde ▽
fest
negativ

Zwilling ♊
Luft △
beweglich
positiv

Krebs ♋
Wasser ▽
kardinal
negativ

Löwe ♌
Feuer △
fest
positiv

Jungfrau ♍
Erde ▽
beweglich
positiv

Waage ♎
Luft △
kardinal
positiv

Skorpion ♏
Wasser ▽
fest
negativ

19. Juni – 23. Juni

Scheitelpunkte sind die Tage
unmittelbar vor und nach dem
astrologischen Sternzeichenwechsel.
Menschen, die an diesen Tagen geboren
sind, können sich mit Eigenschaften des
früheren und des späteren Zeichens
identifizieren. Je nach ihrem übrigen
Geburtshoroskop fühlen sie sich
entweder ihrem Sonnenzeichen oder
dem darauffolgenden Zeichen
zugehörig.

Der Zwillinge-Krebs-Scheitelpunkt
zeichnet sich durch seine Sensibilität
für Kunst und Kommunikation unter
einem erhabenen, poetischen
Gesichtspunkt aus. Diese Scheitelkinder
können sich gut metaphorisch
ausdrücken, haben Sinn für Humor und
lassen sich eher von Gefühlen als von
der Vernunft leiten. Sie können die
Gefühle ihrer Mitmenschen sehr gut
durchschauen, sind intuitionsbegabt
und vernünftig. Routine empfinden sie
oft als langweilig.

Ihre Nachteile liegen in einer kurzen
Aufmerksamkeitsspanne; außerdem
neigen sie dazu, ein bisschen faul zu sein.

Krebs

21. Juni – 22. Juli

Herrscherplanet:
Mond

Element: Wasser

Element: Wasser
Qualität: kardinal
Polarität: negativ /
weiblich

Viertes Haus:
Heimat,
Sicherheit,
Familie

Egal, ob bei dir die Sonne oder ein anderer Planet im Krebs steht – die hervorstechendste Eigenschaft dieses Sternzeichens ist seine Sensibilität. Da es vom Mond regiert wird, spielen Gefühle in diesem Zeichen eine wichtige Rolle. Krebse sind widersprüchlich: sensibel und doch introspektiv, lieb und doch reizbar, materialistisch und doch die häusliche Geborgenheit liebend. Die Werte der Krebse sind normalerweise traditionell: Sie verbringen gern viel Zeit mit der Familie und haben trotz ihrer extremen Sensibilität einen starken Charakter, der sofort zum Vorschein kommt, wenn sie oder ihre Familie sich bedroht fühlen. Unter den Wasserzeichen ist der Krebs das mütterlichste. Trotz ihrer reichen Gefühlswelt leiden sie oft unter Stimmungsschwankungen. Krebse wirken recht geheimnisvoll, da sie ihre verletzliche Seite nicht gern zeigen – deshalb sind sie die undurchschaubarsten Zeichen des Tierkreises. Manchmal sind sie schüchtern, dann wieder aufgeschlossen und unberechenbar ... Beim Krebs weiß man nie, woran man ist.

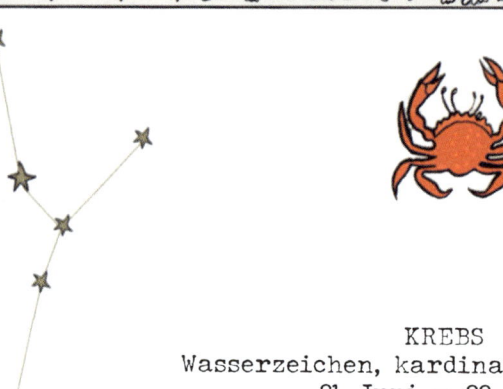

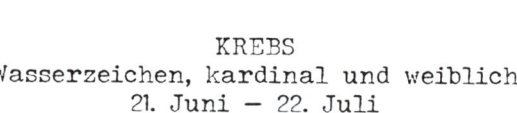

KREBS
Wasserzeichen, kardinal und weiblich
21. Juni — 22. Juli

Stärken: Sie lieben ein gemütliches Zuhause, sind sensibel, mütterlich, fröhlich, fantasievoll, idealistisch, liebevoll, nachdenklich, romantisch, liebenswürdig, ausdrucksstark, fürsorglich und flirten gern.
Schwächen: Sie sind unsicher, faul, gehässig, zurückgezogen, versponnen, widersprüchlich, verschwenderisch, sentimental, sorgenvoll, hypochondrisch, launisch und leiden unter Stimmungsschwankungen.

Sternbild

Das Sternbild Krebs leuchtet im Tierkreis am wenigsten hell. Es ist von den Sternbildern Luchs, Zwillinge, Kleiner Hund, Wasserschlange und Löwe umgeben.

Seine bekanntesten Sterne sind Alpha Cancri oder Acubens, Beta Cancri oder Tarf, Delta Cancri (ein Doppelstern, der sich nahe der Ekliptik befindet und daher manchmal vom Mond verdeckt wird), Gamma Cancri, Iota Cancri und Zeta Cancri oder Tegmen.

Der Herrscherplanet des Krebses: Der Mond

Wie du in »Die astrologischen Planeten« (ab S. 91) sehen wirst, ist der Mond der Herrscherplanet des Krebses. Er wird in vielen Kulturen mit Emotionen, dem Okkulten, Mutterschaft, Hexen und der weiblichen Macht in Verbindung gebracht. Da Krebse vom Mond regiert werden, sind sie wandelbar und unbeständig wie das Meer.

In emotionaler Hinsicht sind Krebse für ihre Sprunghaftigkeit bekannt: Sie können innerhalb kurzer Zeit von Freude zu Traurigkeit, von Traurigkeit zu Wut und von Wut zu Zorn oder Glücklichsein wechseln. In der Antike wurde der Mond mit Selene, der Tochter der Titanen Hyperion und Theia, in Verbindung gebracht. Später galten Artemis und Selene als ein und dieselbe Göttin.

Krebs hat Saturn im Exil, Jupiter erhöht und Mars im Fall. Das wird ab S. 94 erklärt.

Wie man mit der Krebs-Energie umgeht

Wenn du die Sonne oder andere Planeten im Krebs hast (siehe ab S. 91, »Die astrologischen Planeten«), kann sich das in bestimmten Eigenschaften äußern. Lass uns herausfinden, wie du das Beste aus dieser veränderlichen und emotionalen Energie machen kannst.

Krebse müssen im Lauf ihres Lebens lernen, ihre Emotionen ins Gleichgewicht zu bringen. Das ist keine leichte Aufgabe, doch Aktivitäten wie Tagebuchführen, Meditation oder die Suche nach künstlerischen Ausdrucksmöglichkeiten für ihre Gefühle können dabei sehr hilfreich sein. Wichtig ist, dass Krebse ein gesundes Ventil für ihre Empfindsamkeit finden, statt diese emotionale Seite zu unterdrücken oder zu verdrängen, was zu Verunsicherung
und Schüchternheit führen könnte. Wenn sie das in den Griff bekommen, können Krebse gesellige und freundliche Menschen sein.

Amulette für den Krebs

Am besten eignen sich Amulette, die das Selbstvertrauen des Krebses stärken und seine sensible Seite, seine Emotionen und Stimmungsschwankungen ins Gleichgewicht bringen.

Name	Art des Amuletts		Zweck
Muscheln	Aus dem Meer		Muscheln vom Strand verbinden den Krebs mit dem Meer und dem Mond und machen ihn ausgeglichener. Die Schalen dürfen nicht von getöteten Tieren stammen.
Perle	Aus dem Meer		Steht mit dem Meer, der Weiblichkeit, Aphrodite und dem Mond in Verbindung; betont Eigenschaften wie Weiblichkeit und Sensibilität.
Türkis	Blaugrüner (Halbedel-)Stein		Bringt Krebsgeborenen Glück und schützt sie.
Mondstein	Weißer (Halbedel-)Stein		Bringt die Emotionen ins Gleichgewicht, beruhigt die Nerven und vertreibt Sorgen.
Seerose	Blume		Eine Blume aus dem Wasser. Erinnert an die zerbrechliche und doch starke Natur des Krebses.
Weiß	Farbe		Steht für Reinheit, Ausgeglichenheit und Weiblichkeit. Krebse sollten ein weißes Band am Handgelenk tragen, um im Gleichgewicht zu bleiben.

7 DER WAGEN 7

Zugehörige Tarotkarte: Der Wagen

Jedem Zeichen ist eine Tarotkarte zugeordnet, die einige seiner Eigenschaften symbolisiert. Beim Krebs ist es Der Wagen, der für Disziplin und kontinuierlichen Fortschritt im Leben steht: Man will nicht in der Vergangenheit verharren, sondern sich neuen Herausforderungen stellen. Diese Karte gibt dem Krebs die Kraft, die Höhen und Tiefen des Lebens zu überwinden und seine positiven Eigenschaften zu stärken.

Berühmte Krebse: Frida Kahlo, Courtney Love, Prinzessin Diana, Selena Gomez und Ariana Grande

Ritual für Krebse zur Förderung von Selbstvertrauen und Ausdauer

Du brauchst:

- Kreuzkümmelpulver
- feines Salz

Durchführung:

Vermische Kreuzkümmel und Salz miteinander und streue diese Mischung drei Tage vor dem Putzen in die Ecken deines Hauses.

So kannst du Zweifel, negative Gedanken und Unsicherheiten vertreiben und deine Ziele und Vorhaben mit mehr Ausdauer verfolgen.

Krebs-Kompatibilitäten

Denke daran, neben dem Sonnenzeichen auch dein
Mond-, Venus- und Marszeichen zu überprüfen.

+ KREBS
♥ ♥ ♥ ♥ ♥ ♥ ♡ ♡ ♡ ♡

Sie sind beide liebevoll und
hingebungsvoll, aber ihre
anfängliche Vorsicht und ihre
Stimmungsschwankungen
können leicht dazu führen,
dass alles schiefläuft.

+ LÖWE
♥ ♥ ♥ ♥ ♥ ♥ ♥ ♥ ♥ ♥

Obwohl die männliche Energie
des Löwen auf den Krebs zu-
nächst anziehend wirken mag,
verträgt sich die Egozentrik
des Löwen nicht mit dem Bedürfnis des Krebses nach Aufmerksamkeit. Eine komplizierte Kombination.

+ JUNGFRAU
♥ ♥ ♥ ♥ ♥ ♥ ♥ ♥ ♥ ♥

Die ruhige und selbstbe-
wusste Jungfrau kann den
Krebs begeistern, aber sie
können sich auch gegenseitig auf die Palme bringen.
Die Jungfrau ist innerlich
vielleicht nicht bereit für
den Wirbelwind Krebs.

+ WAAGE
♥ ♥ ♥ ♥ ♥ ♥ ♥ ♥ ♥ ♥

Zwei gefühlsbetonte und liebe Zeichen, aber auch die
Waage macht häufige Veränderungen durch, die sie mit
mehr Selbstständigkeit meistert als der Krebs. Anfangs
wird es schwierig sein, einander zu verstehen.

+ SKORPION
♥ ♥ ♥ ♥ ♥ ♥ ♥ ♥ ♥ ♥

Die emotionale und sexuelle
Intensität des Skorpions kann
auf den Krebs anziehend wirken, der in diesem Zeichen
große Sicherheit finden wird.
Ein Hindernis ist die Tendenz
der beiden zu Verschlossenheit und Gehässigkeit.

+ SCHÜTZE
♥ ♥ ♥ ♥ ♥ ♥ ♥ ♥ ♥ ♥

Der Schütze geht als Feuerzeichen gern Risiken ein und
liebt Überraschungen, während der Krebs eher auf
Nummer sicher geht. Ihre
grundlegenden Eigenschaften
sind sehr unterschiedlich.

+ STEINBOCK
♥ ♥ ♥ ♥ ♥ ♥ ♥ ♥ ♥ ♥

Eine der besten Kombinatio-
nen. Sie sind beide häuslich
und traditionsbewusst und
sehnen sich nach Sicherheit.
Der Steinbock sorgt für die
Struktur und der Krebs für
die Gefühle. Sie ergänzen
sich gut.

+ WASSERMANN
♥ ♥ ♥ ♥ ♥ ♥ ♥ ♥ ♡ ♡

Der Krebs ist das emotionalste
Zeichen des Tierkreises, der
Wassermann ist das verstan-
desbetonteste Zeichen und
hält seine Gefühle zurück. Die
Gefühlsausbrüche des Krebses
und die mangelnde Emotionalität des Wassermanns können
zu Schwierigkeiten führen.

+ FISCHE
♥ ♥ ♥ ♥ ♥ ♥ ♥ ♥ ♥ ♥

Wenn sie sich mehr vom
Herzen als von der Ver-
nunft leiten lassen, wird es
zwischen Krebs und Fischen
häufig zu Streitigkeiten
kommen. Aber mit ähnlichen
emotionalen Bedürfnissen
können beide die große Liebe zueinander finden.

+ WIDDER
♥ ♥ ♥ ♥ ♥ ♥ ♥ ♥ ♥ ♥

Anfangs können sie sich zueinander hingezogen fühlen,
doch ihre Bedürfnisse sind
sehr unterschiedlich. Die Offenheit des Widders kann den
Krebs leicht verletzen, und
er wird Kränkungen so lange
in sich hineinfressen, bis er
sie nicht mehr ertragen kann.

+ STIER
♥ ♥ ♥ ♥ ♥ ♥ ♥ ♥ ♥ ♥

Beide sind warmherzig und
liebevoll, mit einer ausgeprägten weiblichen Natur. Obwohl
der Krebs gefühlsbetonter ist,
kann dies eine dauerhafte und
stabile Kombination sein.

+ ZWILLINGE
♥ ♥ ♥ ♥ ♥ ♥ ♥ ♥ ♥ ♥

Der Zwilling ist unabhängig
und dynamisch, während der
Krebs feinfühlige Aufmerksamkeit und Fürsorge
braucht. Beide werden Kompromisse eingehen müssen,
wenn die Beziehung funktionieren soll.

Karkinos und die Zwölf Aufgaben des Herakles

Einer der bekanntesten und faszinierendsten griechischen Mythen ist die Geschichte von den zwölf Aufgaben des Herakles (bei den Römern Herkules genannt). Herakles war ein Halbgott und einer der berühmtesten Helden Griechenlands. Er war der Sohn des Gottes Zeus und der Sterblichen Alkmene. Als Zeus verkündete, dass das nächste Kind, das im Haus des Perseus geboren würde, König werden sollte, verlegte Hera, Zeus' Gattin und Göttin der Ehe und des heimischen Herdes, aus Eifersucht auf das promiskuitive Verhalten ihres Mannes die Geburt von Eurystheus ein bisschen vor und sorgte dafür, dass Herakles erst ein paar Monate später geboren wurde, damit er nicht König werden konnte.

Als Erwachsener tötete Herakles unter dem Einfluss von Hera seine Familie. Als er wieder zu Verstand kam und sah, welche Gräueltaten er begangen hatte, beschloss er, ins Exil zu gehen. Sein Bruder Iphikles ermutigte ihn, das Orakel von Delphi um Rat zu fragen, das ihm riet: »Schöner Herakles, um dich von der Barbarei zu erlösen, die du begangen hast, musst du die Taten vollbringen, die dein Erzfeind Eurystheus dir aufträgt.«

Diese Taten sind als die zwölf Aufgaben des Herakles bekannt. Je nach Version des Mythos variieren sie ein bisschen, aber meist werden sie folgendermaßen aufgelistet:

1. Töte den nemeischen Löwen.
2. Töte die lernäische Hydra oder den Krebs Karkinos (Ursprung der Sternbilder Wasserschlange und Krebs).
3. Fange die kerynitische Hirschkuh ein.
4. Fange den wilden erymanthischen Eber (und zwar lebendig).
5. Säubere die Ställe des Augias an nur einem Tag.
6. Vertreibe die stymphalischen Vögel.
7. Zähme den kretischen Stier.
8. Stiehl die Stuten des Diomedes.
9. Stiehl den Hüftgürtel der Amazonenkönigin Hippolyte.
10. Stiehl das Vieh des Riesen Geryon.
11. Stiehl die goldenen Äpfel aus dem Garten der Hesperiden.
12. Entführe Zerberus, den Hund aus der Unterwelt, und bringe ihn zum König.

Das Sternbild Krebs bezieht sich auf eine der zwölf Aufgaben des Herakles, obwohl eine erweiterte Version dieser Aufgabe vorschrieb, dass Herakles die Hydra von Lerna töten sollte. Die Hydra ist eine mythologische Wasserschlange mit einem, drei, fünf oder sogar Hunderten von Köpfen, je nach Version des Mythos (ihr Sternbild liegt sehr nahe am Krebs; siehe die Karten auf S. 12–13).

Dieses Ungeheuer hatte die Fähigkeit, für jeden Kopf, den es verlor, zwei nachwachsen zu lassen. Im Disney-Film *Hercules* geht es um die Hydra-Geschichte (obwohl der Film öfters vom Mythos von Herakles und seinen zwölf Aufgaben abweicht). Karkinos, ein mythologischer Krebs, der zusammen mit der Hydra die Lagune von Lerna bewohnt, taucht in den Geschichten über diese Aufgaben nicht immer auf.

Karkinos greift Herakles an, als dieser gegen die Hydra kämpft – eine Tat, die Göttin Hera belohnt, indem sie den Krebs in ein Sternbild verwandelt.

DER KREBS-LÖWE-SCHEITELPUNKT

18. Juli – 24. Juli

Scheitelpunkte sind die Tage unmittelbar vor und nach dem astrologischen Sternzeichenwechsel. Menschen, die an diesen Tagen geboren sind, können sich mit Eigenschaften des früheren und des späteren Zeichens identifizieren. Je nach ihrem übrigen Geburtshoroskop fühlen sie sich entweder ihrem Sonnenzeichen oder dem darauffolgenden Zeichen zugehörig.

Der Krebs-Löwe-Scheitelpunkt wird auch als »Höhepunkt des Dramas« bezeichnet – nicht weil diese Menschen sehr dramatisch sind (obwohl das tatsächlich stimmt), sondern weil sie oft gute Schauspieler und Künstler sind oder andere Berufe in der Unterhaltungsbranche ausüben. Außerdem werden sie vom Mond (dem Herrscherplaneten des Krebses) und der Sonne (dem Herrscherplaneten des Löwen) regiert. Daher sind sie sehr gefühlsbetont und haben außerdem eine magische Anziehungskraft und eine dominante Persönlichkeit. Oft sind diese Menschen starke, etwas schwerfällige Charaktere.

Löwe

23. Juli – 23. August

Herrscherplanet: Sonne

Element: Feuer

Qualität: fest
Polarität: positiv / männlich

Fünftes Haus: Individualität, Originalität, Impulsivität

Wenn man vom Löwen spricht, muss man bedenken, dass er von einem männlichen Stern regiert wird: der Sonne, dem Königsstern, der durch einen Löwen – den Herrscher des Dschungels – dargestellt wird. Es ist also kein Zufall, dass Löwen Menschen sind, die ihr Licht nicht unter den Scheffel stellen. Charmant, auffallend, gesellig, leidenschaftlich und eigensinnig sind ein paar typische Eigenschaften dieses Zeichens. Die Energie des Löwen zeichnet sich durch seine Dominanz aus – er ist der geborene Anführer und hat viel Charme. Auf der negativen Seite kann sich all dieser Glanz aber auch in Arroganz, einem übersteigerten Ego oder Egozentrik niederschlagen. Diese Eigenschaften können bei Menschen mit der Sonne oder mit Planeten im Löwen vorhanden sein. Letztere weisen Nuancen auf, die wir – wie auch bei den anderen Zeichen – in den folgenden Kapiteln behandeln werden. Unter den Feuerzeichen sind Löwen die charismatischsten und ehrgeizigsten.

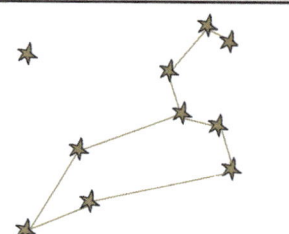

LÖWE
Feuerzeichen, fest und männlich
23. Juli — 23. August

Stärken: Sie sind charismatisch, loyal, energiegeladen, stark, gesellig, witzig, großzügig, gewitzt, optimistisch, mutig, schnell, enthusiastisch und führungsstark.
Schwächen: Sie sind stolz, oberflächlich, egozentrisch, arrogant, herrschsüchtig, autoritär, leichtsinnig, naiv, unüberlegt, impulsiv und konformistisch.

Sternbild

Der Löwe ist eines der hellsten Sternbilder – alle seine Hauptsterne sind bei Nacht gut sichtbar, vor allem Alpha Leonis, auch Regulus oder Löwenherz genannt, der sich an der Spitze der Löwennase oder auf dem Kopf des Löwen befindet. Weitere Hauptsterne sind Denebola, Algieba, Zosma, Ras Elased Australis und Aldhafera. Der Löwe befindet sich westlich der Jungfrau und östlich des Krebses und ganz in der Nähe der Wasserschlange (siehe Sternkarten S. 12-13).

Der Herrscherplanet des Löwen: Die Sonne

Wie du in »Die astrologischen Planeten« (ab S. 91) sehen wirst, ist die Sonne der Herrscherplanet des Löwen. Sie ist dem Tag zugeordnet – dem Sichtbaren, den Facetten unserer Persönlichkeit, die wir anderen zeigen. Deshalb sind Löwen Menschen, die gern ausgehen, sich zeigen und mit ihrem Optimismus und Enthusiasmus das Beste in ihren Mitmenschen zum Vorschein bringen. Viele Löwen arbeiten in der Unterhaltungsbranche. Es sind gesellige Menschen, die andere gern durch Lob motivieren und ein Umfeld schaffen, in dem sich jeder wertgeschätzt fühlt. Sie sind charismatisch und erreichen ihre Ziele oft durch ihren natürlichen Charme. Daher gelingt ihnen vieles schon in jungen Jahren mit Leichtigkeit, wodurch sie zu begüterten, ungeduldigen Erwachsenen werden können, die es nicht gewohnt sind, sich anzustrengen, um ihre Ziele zu erreichen. Löwen sind zwar nicht sehr beständig, aber einfallsreich und eine hervorragende Gesellschaft.

Löwe hat Uranus und Saturn im Exil, Neptun erhöht und Merkur im Fall. Das wird ab S. 94 erklärt.

Wie man mit der Löwen-Energie umgeht

Wenn du die Sonne oder andere Planeten im Löwen hast (siehe ab S. 91, »Die astrologischen Planeten«), kann sich das in bestimmten Eigenschaften äußern. Lass uns herausfinden, wie du das Beste aus dieser starken, schillernden Energie machen kannst.

Wie du vielleicht schon erraten hast, ist das größte Problem für Löwen, dass sie alles auf schnelle und einfache Weise bekommen wollen, denn Charisma ist ihre Hauptwaffe, wenn es darum geht, etwas zu erreichen. Leider ist das Leben aber nicht immer nur ein Zuckerschlecken, auch nicht für Löwen, deshalb hat dieses Sternzeichen echte Probleme, mit Misserfolgen oder Ablehnung umzugehen. In solchen Fällen kann der Löwe Arroganz, Intoleranz und Egoismus an den Tag legen. Zu lernen, wie man mit solchen Emotionen umgeht, ist eine Herausforderung für ihn. In dieser Hinsicht ist es für Löwen von großem Vorteil, Freunde mit Erdzeichen zu haben. Es fällt ihnen auch leichter, Tugenden wie Geduld und Belastbarkeit zu entwickeln, wenn ihr Geburtshoroskop eine Erdposition aufweist. Auf alle Fälle werden sich Löwen aber in den richtigen Situationen wiederfinden, um diese Tugenden zu entwickeln. Sollten sie das nicht tun, kann ihr Feuer irgendwann erlöschen oder nachlassen, und sie werden etwas konformistisch und opportunistisch.

Amulette für den Löwen

Am besten eignen sich für dieses Sternzeichen Amulette, die ihm helfen, seine arrogante und unbekümmerte Seite auszugleichen, Tugenden wie Freude oder Selbstvertrauen zu stärken und es vor Missgeschicken zu schützen.

Name	Art des Amuletts		Zweck
Gold	Wertvolles Metall		Das Schutzmetall des Löwen. In vielen Kulturen galten Goldnuggets als Stücke von der Sonne.
Bernstein	Tierischer Ursprung (Fossil)		Wie die Sonne selbst vermittelt er Vertrauen, Kraft und Schutz.
Citrin	Gelblicher (Halbedel-)Stein		Stärkt Vitalität und Freude, also Eigenschaften, die bereits typisch für dieses Zeichen sind. Ein Glücksbringer.
Tigerauge	Goldener bis rotbrauner (Halbedel-)Stein		Gleicht die Gefühlsbetontheit des Löwen aus, beruhigt die Nerven und vertreibt Sorgen.
Sonnenblume	Blume		Symbolisiert Freundschaft und Vitalität.
Golden	Farbe		Steht für Macht, Selbstwertgefühl, Selbstvertrauen und Pracht.

Zugehörige Tarotkarte: Die Kraft

Jedem Zeichen ist eine Tarotkarte zugeordnet, die einige seiner Eigenschaften symbolisiert. Beim Löwen ist es Die Kraft. Im Tarot de Marseille und in den meisten anderen Tarots wird sie von einer Frau und einem Löwen dargestellt, dem Tier, das mit dem Sternzeichen Löwe assoziiert wird. Diese Karte symbolisiert Willenskraft, geistige Kraft, Starkwerden und Standhaftigkeit im Angesicht von Widrigkeiten – Fähigkeiten, die der Löwe entwickeln muss.

Berühmte Löwen: Jennifer Lopez, Kylie Jenner, Madonna, Mick Jagger, Daniel Radcliffe, Chris Hemsworth und Charlize Theron.

Ritual, mit dem Löwen sich vor Neid schützen können

Du brauchst:

- weiße Tonerde
- goldene Farbe

Durchführung:

Forme aus der weißen Tonerde eine kleine Sonne mit einem Durchmesser von etwa 4 cm (sie muss nicht perfekt sein, aber die Sonne sollte erkennbar sein). Nach drei Tagen kannst du sie mit Goldfarbe bemalen. Trage sie immer als Amulett in deiner Hand- oder Hosentasche, um dich vor negativen Energien zu schützen. Es ist wichtig, dass du das Amulett selbst herstellst.

Löwe-Kompatibilitäten

Denke daran, neben dem Sonnenzeichen auch dein Mond-, Venus- und Marszeichen zu überprüfen.

+ LÖWE
♥ ♥ ♥ ♥ ♥ ♥ ♥ ♥ ♥ ♥

Beide sind intelligent und haben ähnliche emotionale Bedürfnisse. Das Hauptproblem: ein mögliches Duell zwischen den Egos der beiden und häufige Auseinandersetzungen. Aber die Streitigkeiten sind nicht boshaft und können leicht beigelegt werden.

+ JUNGFRAU
♥ ♥ ♥ ♥ ♥ ♥ ♥ ♥ ♥ ♥

Obwohl die Jungfrau schüchterner ist, analytischer denkt und ihr Konzentrationsvermögen dem Löwen helfen kann, seine schillernde Energie zu erden, funktionieren die beiden besser als Freunde als in einer romantischen Beziehung.

+ WAAGE
♥ ♥ ♥ ♥ ♥ ♥ ♥ ♥ ♥ ♥

Das emotionale Gleichgewicht der Waage könnte durch den leidenschaftlichen Löwen aus dem Gleichgewicht gebracht werden, und der Löwe könnte die Waage als zu romantisch oder sensibel empfinden. Das Hauptproblem wird sein, die Grenzen des anderen zu respektieren.

+ SKORPION
♥ ♥ ♥ ♥ ♥ ♥ ♥ ♥ ♥ ♥

Dieses Paar ist körperlich kompatibel, aber ihre Gefühle sind es eher nicht – und das wird zum Hauptproblem ihrer Beziehung. Der Skorpion braucht eine starke Intimität, während der Löwe eher oberflächlich ist.

+ SCHÜTZE
♥ ♥ ♥ ♥ ♥ ♥ ♥ ♥ ♥ ♥

Ähnliche emotionale Bedürfnisse, da beide gesellig sind und das Leben lieben. Dieses Paar hat die gleiche Art zu leben, zu genießen und zu lieben und kann lange Zeit gut miteinander auskommen oder sich zumindest schöne Erinnerungen bewahren.

+ STEINBOCK
♥ ♥ ♥ ♥ ♥ ♥ ♥ ♥ ♥ ♥

Beide haben viel Charakter und sind in ihrem Wesen sehr unterschiedlich, aber das Charisma des Löwen und der Ehrgeiz des Steinbocks können sich hervorragend ergänzen. Sehr kompatibel in geschäftlichen Angelegenheiten, Unternehmen oder Vereinen.

+ WASSERMANN
♥ ♥ ♥ ♥ ♥ ♥ ♥ ♥ ♥ ♥

Der Wassermann ist philanthropisch und der Löwe individualistisch; beide sind gesellig, wechselhaft und selbstbewusst. Dieses Paar wird mit Sicherheit die Blicke auf sich ziehen! Der Löwe braucht viel Aufmerksamkeit vom Wassermann.

+ FISCHE
♥ ♥ ♥ ♥ ♥ ♥ ♥ ♥ ♥ ♥

Der Löwe findet Fische vielleicht geheimnisvoll und attraktiv, andererseits aber zu gefühlsbetont und kindisch. Die starke Sensibilität der Fische kann dem Löwen, der normalerweise nach einem Partner mit einem stärkeren Charakter sucht, missfallen.

+ WIDDER
♥ ♥ ♥ ♥ ♥ ♥ ♥ ♥ ♥ ♥

Ein äußerst kompatibler Partner. Der Widder hat mehr Temperament, aber beide haben die gleiche Art, mit Problemen umzugehen, und ähnliche Vorlieben und Werte.

+ STIER
♥ ♥ ♥ ♥ ♥ ♥ ♥ ♥ ♥ ♥

Sie können große Zuneigung füreinander empfinden. Wenn sie ihre grundlegenden Unterschiede überwinden, kann es eine dauerhafte Beziehung werden, da der Löwe im geduldigen Stier seinen Gegenpol und Ruhepol finden kann. Sie sind beide stark und selbstbewusst.

+ ZWILLINGE
♥ ♥ ♥ ♥ ♥ ♥ ♥ ♥ ♥ ♥

Die fantasievolle Seite des Zwillings macht den Löwen verrückt. Beide sind sehr unabhängigkeitsliebend und brauchen gleichzeitig viel Aufmerksamkeit; dieser Widerspruch ist ihr Hauptproblem.

+ KREBS
♥ ♥ ♥ ♥ ♥ ♥ ♥ ♥ ♥ ♥

Sie verbindet ein gewisser Sinn für Ästhetik. Aber der Krebs ist häuslicher und sentimentaler und will, dass sein Partner ihm Sicherheit gibt, während der Löwe eher ein Bedürfnis nach Action verspürt.

DER MYTHOS DES STERNZEICHENS LÖWE:

Der nemeische Löwe und die zwölf Aufgaben des Herakles

Wie das Sternbild Krebs entstammt auch der Löwe dem Mythos von den zwölf Aufgaben des Herakles (Herkules in der römischen Mythologie). Da du diesen Mythos bereits auf S. 41 kennengelernt hast, befassen wir uns nun mit der Geschichte des nemeischen Löwen.

In den meisten Versionen dieses Mythos handelt es sich um Herakles' erste Aufgabe. Sie bestand darin, den Löwen zu töten und ihm das Fell abzuziehen, was keine leichte Aufgabe war: Das Tier, das die Bevölkerung von Nemea in Atem hielt, weil es furchtbar aggressiv war, hatte ein so dickes Fell, dass keine Waffe es durchdringen und das Tier töten konnte.

Als Herakles das erste Mal versuchte, den Löwen zu töten, hatte er drei Waffen dabei: einen Bogen samt Pfeilen, eine Keule und ein Schwert. Obwohl er ein großartiger Krieger war, gelang es ihm nicht, die Raubkatze zu töten. Also dachte er sich eine andere Strategie aus: Er folgte dem Löwen unauffällig in seine Höhle, trieb ihn dort in die Enge und erdrosselte ihn mit bloßen Händen.

Dann machte sich Herakles an den zweiten Teil der Arbeit: das Häuten des Löwen. Er versuchte es mit mehreren Waffen, doch es gelang ihm nicht. Da kam Athene, die Göttin der Weisheit, vom Olymp herab und half dem Helden heimlich. Als alte Frau verkleidet, schlug sie ihm vor, dem Löwen das Fell mithilfe seiner eigenen Krallen vom Körper zu ziehen. Herakles war skeptisch, willigte aber ein, es zu versuchen. Es funktionierte. Dank Athenes Eingreifen erfüllte Herakles die Aufgabe, die ihm König Eurystheus aufgetragen hatte, und brachte die Trophäe nach Mykene.

Als der König sah, dass Herakles das Löwenfell als Rüstung trug, war er entsetzt. Eurystheus ließ ihn nicht in die Stadt hinein; Herakles musste den Beweis für seine Heldentat vor den Stadtmauern zeigen. Als Erinnerung an Herakles' große Leistung beschlossen die Götter, den Löwen in ein Sternbild zu verwandeln.

Der Ursprung des nemeischen Löwen ist unklar. Einige Versionen des Mythos behaupten, der Löwe sei als Sohn des Gottes Zeus und der Mondgöttin Selene vom Himmel gefallen. In anderen Versionen heißt es, der Löwe sei der Sohn der Ungeheuer Orthos und Chimäre. Die Chimäre war ein monströses Wesen, das am häufigsten mit dem Kopf eines Löwen, dem Körper eines Drachen und dem Schwanz einer Schlange beschrieben wird. In anderen Versionen wird sie als Ungeheuer mit drei Köpfen dargestellt: einem Löwenkopf, einem Drachenkopf und einem dritten Kopf am Schwanz, der die Form eines Schlangenkopfes hat. Orthos hingegen war ein zweiköpfiger Hund und gehörte dem Titan Atlas, der von den Göttern dazu verdammt worden war, das Himmelsgewölbe bis in alle Ewigkeit zu bewachen.

Löwen-Phase

18. August

24. August

Jungfrau-Phase

Stier
Erde
fest
negativ

positiv

Löwe
Feuer
fest
positiv

Jungfrau
Erde
beweglich
negativ

Waage
Luft
kardinal
fest
positiv

negativ

Schütze
Feuer
beweglich
positiv

Steinbock
Erde
kardinal

18.- August — 24. August

Scheitelpunkte sind die Tage unmittelbar vor und nach dem astrologischen Sternzeichenwechsel.
Menschen, die an diesen Tagen geboren sind, können sich mit Eigenschaften des früheren und des späteren Zeichens identifizieren. Je
nach ihrem übrigen Geburtshoroskop fühlen sie sich entweder ihrem
Sonnenzeichen oder dem darauffolgenden Zeichen zugehörig.

Menschen, die im Scheitelpunkt
Löwe–Jungfrau geboren sind, sind
äußerlich sehr löwenhaft
(auffallend, gesellig,
charismatisch), aber wenn man sie
näher kennenlernt, sind sie auch
gut organisiert, beständig und
fleißig – Eigenschaften, die eher
typisch für das Erdzeichen
Jungfrau sind.

Sie haben das Künstlerische und
Auffallende vom Löwen und die
Ausdauer und Einsatzbereitschaft
der Erde, weshalb ihnen bei allem,
was sie erreichen wollen, der Erfolg
zufällt, vor allem in der
Unterhaltungsbranche. Außerdem
leben sie gern in einer Beziehung:
Sie sind sehr attraktiv, sehnen sich
aber auch nach Stabilität.

Jungfrau
24. August – 23. September

Herrscherplanet: Merkur

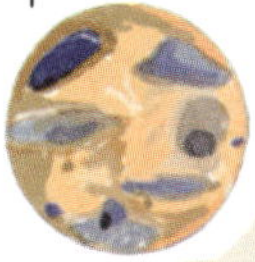

Element: Erde

Qualität: beweglich
Polarität: negativ/weiblich

Sechstes Haus: Routine, Arbeit, Verantwortung, Pflichten

Die Jungfrau ist das praktischste, methodischste und am besten organisierte Erdzeichen im Tierkreis. Jungfrauen lieben die Atmosphäre des Monats September – Listen erstellen, mit dem Unterricht oder Studium beginnen und für die Zukunft planen. Die Jungfrau-Energie motiviert uns dazu, unsere Verpflichtungen gegenüber uns selbst und der Gesellschaft zu erfüllen; deshalb haben Jungfrauen ein ausgeprägtes Pflichtbewusstsein. Wenn du einen anderen Planeten als die Sonne in der Jungfrau hast, wirst du ab S. 91 sehen, wie er dich beeinflusst. Und wenn du die Sonne in der Jungfrau hast und ein chaotischer Mensch bist (der sich nicht gut organisieren kann), liegt das wahrscheinlich daran, dass du viel Energie in anderen Planeten oder Häusern deines Geburtshoroskops hast. Genauso verhält es sich übrigens auch mit den anderen Zeichen. Die reine Jungfrau-Energie ist allerdings eine Energie der Ordnung, der hellen Farben, der Freude an kleinen alltäglichen Details und der Entwicklung von Werten, die mit Zusammenhalt und Einsatz zu tun haben.

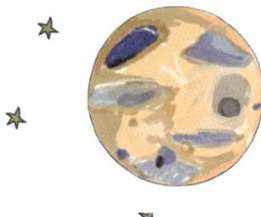

JUNGFRAU
Erdzeichen, beweglich und weiblich
24. August – 23. September

Stärken: Sie sind beständig, fleißig, organisiert, konventionell, methodisch, rational, professionell, ernsthaft, zuverlässig, aufrichtig, analytisch, stabil und perfektionistisch.
Schwächen: Sie sind schüchtern, zurückhaltend, kritisch und nicht sehr innovativ. Es fällt ihnen schwer, sich ihre Fehler einzugestehen. Manche Menschen halten Jungfrauen für langweilig, zwanghaft, ungeduldig, reizbar und unsympathisch.

Sternbild

Die Sternbilder, die der Jungfrau am nächsten liegen, sind das Haar der Berenike, Waage und Löwe (siehe die Sternkarten auf S. 12-13). Der hellste Stern ist Spica, der sich in der Palme oder Ähre befindet, den die Frau des Sternbilds trägt. Diese Ähre steht für die Fruchtbarkeit der Felder und war im Mittelalter ein weitverbreitetes Symbol. Die nächsthelleren Sterne in diesem Sternbild sind Zavijava, Porrima, Auva und Vindemiatrix.

Die Jungfrau ist nach der Wasserschlange das zweitgrößte Sternbild am Himmel und eines der ältesten. Sie wurde mit verschiedenen Göttinnen in Verbindung gebracht, beispielsweise Demeter, Athene, Themis und vor allem Astraea.

Der Herrscherplanet Der Jungfrau: Merkur

Merkur ist sowohl der Herrscherplanet der Jungfrau als auch der Zwillinge. Während Merkur in den Zwillingen eher die Kommunikation beeinflusst, manifestiert er sich in der Jungfrau in Arbeitsdynamik, routinemäßigen Abläufen und Informationen als Mittel zur individuellen und kollektiven Verbesserung. Bis in die 1970er-Jahre glaubte man, dass die Jungfrau von Merkur und dem Planeten Vulkan beherrscht wird, doch dann wurde die Existenz des Planeten Vulkan widerlegt, sodass Merkur nun als alleiniger Herrscher dieses Sternzeichens gilt. Dank Merkur verfügen Jungfrauen über besondere geistige Qualitäten: Kein Detail entgeht ihnen, sie sind aufmerksam und wirken meist ruhig, aber innerlich achten sie auf alles, was um sie herum geschieht. Sie sind sich ihrer selbst sehr bewusst, sowohl in ihren Handlungen als auch in ihren Worten, und es fällt ihnen schwer zuzugeben, dass sie im Unrecht sind, wenn sie Fehler machen oder in einen Streit geraten.

Jungfrau hat Neptun und Jupiter im Exil, Merkur erhöht und Venus im Fall. Das wird ab S. 91 erklärt.

Wie man mit der Jungfrau-Energie umgeht

Wenn du die Sonne oder andere Planeten in der Jungfrau hast (siehe »Die astrologischen Planeten« ab S. 91), kann sich das in bestimmten Eigenschaften äußern. Lass uns herausfinden, wie du das Beste aus dieser analytischen und methodischen Energie machen kannst.

Das größte Problem bei Jungfrauen ist ihre Unfähigkeit, Fehler zu erkennen und Mitgefühl zu zeigen. Außerdem neigen sie dazu, Vorträge zu halten, und sind manchmal richtige Besserwisser. Aktivitäten wie Yoga können für sie wohltuend sein, da sie Körper, Geist und Seele miteinander verbinden und der Jungfrau helfen können, mit ihrer emotionalen Seite in Kontakt zu kommen und verständnisvoller zu werden.

Amulette für die Jungfrau

Für Jungfrauen eignen sich am besten Amulette, die Arbeit und berufliche Beziehungen stärken und ihnen helfen, sich respektvoll und selbstbewusst auszudrücken und ihre eher individualistische Seite auszugleichen.

Name	Art des Amuletts		Zweck
Quarz	Durchsichtiger (Halbedel-)Stein		Der Schutzstein schlechthin. Verstärkt positive Energie und festigt routinemäßige Abläufe.
Peridot	Grüner (Halbedel-)Stein		Verbessert zwischenmenschliche Beziehungen und hilft Jungfrauen, nicht zu sehr zu klammern.
Jaspis	Rötlich-brauner (Halbedel-)Stein		Verleiht Mut und Stärke; sehr geeignet, um Schüchternheit zu überwinden.
Brauner Achat	Brauner (Halbedel-)Stein		Verstärkt die bei Jungfrauen bereits vorhandene Beobachtungsgabe und ihren analytischen Verstand.
Narzisse	Blume		Symbolisiert Diskretion und Belastbarkeit.
Braun	Farbe		Steht für Bescheidenheit, Arbeit, Erde, Vernunft, Stabilität, Anstrengung, Anpassungsfähigkeit und Reife.

DER EREMIT

Zugehörige Tarotkarte: Der Eremit

Jedem Zeichen ist eine Tarotkarte zugeordnet, die einige seiner Eigenschaften symbolisiert. Bei der Jungfrau ist es Der Eremit. Das liegt nicht daran, dass Jungfrauen nie das Haus verlassen und immer über tiefgründige Themen nachdenken (was sie allerdings tun); es geht darum, die Werte des Lernens, der Meditation und der Suche nach Wissen im eigenen Inneren zu stärken.

Berühmte Jungfrauen: Freddie Mercury, Beyoncé, Keanu Reeves, Amy Winehouse, Leo Tolstoi und Hugh Grant

Ritual für Jungfrauen zur Stärkung von Entscheidungsfähigkeit und Mut

Du brauchst:

- Papier
- Bleistift

Durchführung:

Denke am Morgen deines Geburtstages an das Verrückteste, was du je getan hast und was gut für dich ausgegangen ist. Gib dich diesem Gefühl hin und erstelle dann eine Liste der Dinge, die du gern tun würdest, wenn du mutiger wärst. Hänge die Liste an einem gut sichtbaren Ort auf und versuche, alle Punkte im Lauf des Jahres »abzuarbeiten«.

Jungfrau-Kompatibilitäten

Denke daran, neben dem Sonnenzeichen auch dein Mond-, Venus- und Marszeichen zu überprüfen.

+ JUNGFRAU
♥♥♥♥♥♥♥♥♡♡

Beide lieben Ordnung und Routine. Sich zu Hause unter einer Decke zusammen Filme anzuschauen, ist für sie ein tolles Date. Diese Beziehung kann ein bisschen eintönig werden, aber ihre Bedürfnisse sind ähnlich.

+ WAAGE
♥♥♥♥♥♥♥♥♥♡

Sie teilen den Sinn für Ordnung, Ästhetik und ein schön eingerichtetes Zuhause, aber die Waage neigt stärker zu Ausgelassenheit und Flirts als die eher ernsthafte Jungfrau.

+ SKORPION
♥♥♥♥♥♥♥♥♥♡

Die Entschlossenheit und Intensität des Skorpions können auf die Jungfrau anziehend wirken. Dennoch fühlt sich die eher spießige Jungfrau dadurch vielleicht überfordert.

+ SCHÜTZE
♥♥♥♥♥♥♥♥♡

Der unbekümmerte, offene Schütze kann der Jungfrau unkonzentriert und unreif erscheinen, und der Schütze findet die Routine der Jungfrau wiederum ziemlich langweilig. Beide werden hart an ihrer Beziehung arbeiten müssen.

+ STEINBOCK
♥♥♥♥♥♥♥♥♡♡

Eines der besten Paare des Tierkreises. Starke körperliche Anziehungskraft und ein gemeinsames Bedürfnis nach finanzieller Sicherheit, wobei dem Berufsleben und der Stabilität große Bedeutung beigemessen wird. Die Emotionen sind im Gleichklang.

+ WASSERMANN
♥♥♥♥♥♥♥♡♡♡

Eines der kompliziertesten Paare im Tierkreis. Der Wassermann sehnt sich nach Freiheit und Innovation, die Jungfrau denkt eher konventionell. Daher verlangt diese Beziehung beiden Seiten viel ab.

+ FISCHE
♥♥♥♥♥♡♥♥♡♡

Der sensible und verträumte Charakter der Fische ist die perfekte Ergänzung zur Beständigkeit der Jungfrau. Mit vereinten Kräften können sie originale Projekte entwickeln. Sie ziehen sich gegenseitig in ihren Bann.

+ WIDDER
♥♥♥♥♥♡♥♥♡♡

Die starke Persönlichkeit des Widders, seine Geselligkeit, seine Vorliebe für Luxus und sogar seine Auffälligkeit können für das eher bescheidene, zurückhaltende Erdzeichen Jungfrau unverständlich sein.

+ STIER
♥♥♥♥♡♥♥♡♥♡

Ein sehr gutes Paar. Beide brauchen Sicherheit. Die Jungfrau ist eher analytisch veranlagt, und der Stier neigt dazu, sein Wohlbefinden auf das Sinnliche zu gründen. Trotzdem könnte dieses Paar auf Dauer zusammenbleiben.

+ ZWILLINGE
♥♥♡♥♡♥♡♡♡♡

Eine komplizierte Kombination. Der Zwilling ist ein Träumer, aufgeschlossen und gesprächig. Aufgrund ihres gemeinsamen Herrscherplaneten Merkur funktionieren sie auf geistiger Ebene viel besser als Freunde denn als Paar.

+ KREBS
♥♥♥♥♡♥♡♡♡♡

Der wechselhafte Krebs mit seinem eher gefühlsbetonten Wesen kann auf die Jungfrau sehr anziehend, aber auch etwas destabilisierend wirken. Hier ist auf beiden Seiten Geduld gefragt.

+ LÖWE
♥♥♥♥♡♥♡♡♥♡

Löwe und Jungfrau haben sehr unterschiedliche Energien: Der Löwe mag es, bewundert zu werden und ein bisschen anzugeben, während die Jungfrau es mehr mit Fleiß und Diskretion hält. Es wird viel Mühe kosten, miteinander auszukommen.

DER MYTHOS DES STERNZEICHENS JUNGFRAU:

Astraea

Die Jungfrau ist das zweitgrößte Sternbild nach der Wasserschlange (siehe die Sternkarten auf S. 12-13). Es stellt eine junge Frau dar, die die Früchte der Ernte in den Händen hält. Besonders deutlich sichtbar ist die Ähre, die sie in der linken Hand trägt (in der Zeichnung in diesem Buch ist es eine bunte Blume). Die Ähre wird vom Stern Spica gebildet, einem der hellsten Sterne in der Jungfrau, an dem man dieses Sternbild am leichtesten erkennt.

Viele Kulturen assoziierten das Sternbild Jungfrau mit dieser jungen Frau, die Fruchtbarkeit und Ernte symbolisiert. In der griechischen Kultur wurde es auch von der jungen Astraea repräsentiert, der Tochter von Zeus und Themis, der Göttin der göttlichen Gerechtigkeit. Einigen Quellen zufolge ist Astraea eine der Titaninnen. Astraea wurde von ihrer Mutter mit der Aufgabe betraut, bei der Rechtsprechung unter den Sterblichen mitzuhelfen – die Mutter repräsentierte die göttliche, die Tochter die sterbliche Gerechtigkeit.

Astraea war die Letzte der Unsterblichen, die in der Unterwelt lebte. Ihr Vater Zeus verwandelte sie am Ende des Goldenen Zeitalters (einer mythologischen Ära, in der Götter und Sterbliche nebeneinander lebten und in der die meisten griechischen Mythen spielen) in ein Sternbild. Das Sternbild Waage befindet sich rechts von der Jungfrau. In einigen Darstellungen dieses Sternbilds hält Astraea diese Waage, die für Gerechtigkeit steht.

Astraea ist auch als Trägerin des Blitzbündels des Zeus bekannt und die einzige Titanin, die ihre Jungfräulichkeit bewahren durfte. Da sie im Krieg der Titanen Zeus' Verbündete war, gewährte der Gott ihr diese Ehre. Es gibt mehrere Darstellungen dieser Göttin und damit auch des Sternbilds. In einigen Versionen erscheint sie mit den Blitzen des Zeus, in anderen mit einer Fackel oder mit der bereits erwähnten Ähre oder Weizengarbe. In manchen Darstellungen trägt sie auch Flügel oder ein weißes Gewand, ein Symbol der Reinheit und Keuschheit.

Das Sternbild Jungfrau ist eines der größten im Universum. Sein hellster Stern ist Spica, aber auch Auva, Vindemiatrix und Heze fallen auf. Außerdem ist das Sternbild Jungfrau der größte von der Erde aus sichtbare Galaxienhaufen.

Darstellung der Jungfrau

Die Jungfrau ist das einzige Sternzeichen, das von einer Frau repräsentiert wird. Aus diesem Grund wird sie besonders mit traditionell weiblichen Eigenschaften assoziiert: Liebe zum Detail und Perfektionismus, aber aus einer verstandesmäßigen Sicht, da sie Merkur (Verstand und Kommunikation) als Herrscherplaneten hat und ein Erdzeichen ist (Erdzeichen sind eher rational und in emotionaler Hinsicht verschlossen).

Jungfrau-Phase

19. September

24. September

Waage-Phase

Löwe
Feuer

...onal fest

negativ positiv

Jungfrau M
Erde
beweglich

negativ

positiv

kardinal

Waage ♎
Luft

Skorpion M
Wasser

fest negativ

...itiv

negativ...

Schütze beweglich kardinal Erde

Steinbock

...ositiv

fest

Luft

Wassermann

19. September —
24. September

Scheitelpunkte sind die Tage unmittelbar vor und nach dem astrologischen Sternzeichenwechsel. Menschen, die an diesen Tagen geboren sind, können sich mit Eigenschaften des früheren und des späteren Zeichens identifizieren. Je nach ihrem übrigen Geburtshoroskop fühlen sie sich entweder ihrem Sonnenzeichen oder dem darauffolgenden Zeichen zugehörig.

Jungfrau-Waage-Scheitelkinder sind feinfühlig und rücksichtsvoll. Sie wollen, dass ihre Mitmenschen sich wohlfühlen, und leben gern in einer harmonischen Umgebung. Sie denken analytisch, sind aber auch hochsensibel und kommunikativ, weshalb andere Menschen ihnen oft vertrauen und ihnen ihre Probleme erzählen.

Die größte Herausforderung für diese Menschen besteht darin, in der Gegenwart zu leben und sie zu genießen. Sie sollten ihre Energie nicht damit verschwenden, alles, was um sie herum geschieht, übermäßig zu analysieren, und sich nicht in Details verlieren, die zu nichts führen.

Waage
24. September – 22. Oktober

Herrscherplanet:
Venus

Element: Luft

Qualität:
kardinal
Polarität:
positiv/männlich

Siebtes Haus:
Paarbeziehungen,
Gesellschaft,
Verträge, Freunde,
Feinde

Die Waage ist das Zeichen des Gleichgewichts und der Gerechtigkeit, was durch ihr Symbol – die Waagschale – verdeutlicht wird. Diese Assoziation kann aber auch zu Problemen führen. Waagen sind immer auf der Suche nach Gleichgewicht: emotional, sozial und sogar auf einer eher oberflächlichen Ebene. Sie achten sehr darauf, wie sie sich kleiden und wie sie ihre Wohnung einrichten. Sie hassen alles Vulgäre, Übertriebene oder Gewöhnliche in jeglicher Form. Diese ständige Suche nach Ausgewogenheit kann sich auf ihre Stimmung und vor allem auf ihre Gefühle auswirken – obwohl dies, wie du im nächsten Kapitel (ab S. 91) sehen wirst, eher für das Mondzeichen Waage gilt.

Waagen bevorzugen helle Farben und verspielte Dekorationsgegenstände, und sie lieben Accessoires. Wenn du Waage bist und dich mit dieser Beschreibung nicht identifizieren kannst, solltest du einen Blick auf dein Geburtshoroskop werfen – dazu kommen wir später (ab S. 134).

WAAGE
Luftzeichen, kardinal und männlich
24. September – 22. Oktober

Stärken: Sie sind diplomatisch, gesellig, friedlich, tolerant, verständnisvoll, vorsichtig, unparteiisch, freundlich, harmonieliebend und setzen sich für das Recht ein.
Schwächen: Sie sind launisch, unberechenbar, unentschlossen, kompliziert, ungeduldig, pessimistisch, eitel, oberflächlich, beeinflussbar, neugierig und unselbstständig.

Sternbild

Dieses Sternbild befindet sich zwischen der Jungfrau im Westen und dem Skorpion im Osten und ist eines der am wenigsten hellen im Tierkreis. Bis zur Zeit Julius Cäsars (1. Jahrhundert v. Chr.) gehörte die Waage zum Sternbild Skorpion und bildete die Scheren (wie du auf den folgenden Seiten lesen wirst).

Der Herrscherplanet der Waage: Venus

Wie du in »Die astrologischen Planeten« (ab S. 91) noch sehen wirst, ist die Venus sowohl der Herrscherplanet der Waage als auch des Stiers. Es gibt jedoch einen wichtigen Unterschied zwischen diesen beiden Zeichen. Als Erdzeichen hat der Stier eine negative Polarität, er ist also im Wesentlichen ein weibliches Zeichen, und die Venus fühlt sich als Herrscherin in diesem Zeichen unglaublich wohl: Sie steht für weibliche Themen wie Liebe, Beziehungen und Genuss. Mit anderen Worten: Stier und Venus liegen auf einer Wellenlänge, sodass all diese Dinge dem Stier wie von selbst zufließen.

Die Waage hingegen ist ein Luftzeichen und somit von positiver oder männlicher Polarität. Daher besteht bei der Waage eine Spannung zwischen der männlichen Energie ihrer Polarität und der weiblichen Ausrichtung des Herrscherplaneten Venus. Obwohl Waagen durch den Einfluss der Venus von Natur aus attraktiv sind und ein Bedürfnis nach Harmonie haben, sind sie oftmals emotional instabil und können Probleme mit ihrem Selbstbild und Selbstwertgefühl haben.

Waage hat Mars im Exil und Saturn erhöht. Das wird ab S. 94 erklärt.

Wie man mit der Waage-Energie umgeht

Wenn du die Sonne oder andere Planeten in der Waage hast (siehe ab S. 91, »Die astrologischen Planeten«), kann sich das in bestimmten Eigenschaften äußern. Lass uns herausfinden, wie du das Beste aus dieser intensiven, leidenschaftlichen Energie machen kannst.

Menschen mit der Sonne oder anderen Planeten in diesem Zeichen spielen gern die Rolle des Vermittlers: Sie sind der Freund, der möchte, dass wir alle miteinander auskommen, der perfekte Gastgeber oder die Person, die Harmonie in ihrer Umgebung schafft, sobald sie einen Raum betritt. Aus diesem Grund können Waagen aber auch zu sehr von anderen Menschen abhängig sein und bringen ihre Bedürfnisse nicht immer klar zum Ausdruck, was gelegentlich zu dramatischen Situationen führen kann. Waagen sollten sich klarmachen, dass respektvolles Äußern ihrer Bedürfnisse oder ihrer wahren Meinung nicht zu einem Konflikt führen muss. Nichts gegen den Versuch, alles harmonisch zu gestalten – aber sie sollten lernen, diese Harmonie notfalls auch zu durchbrechen, damit sie nicht traurig oder depressiv werden, weil sie nicht ausdrücken, was sie wirklich fühlen.

Amulette für die Waage

Die geeignetsten Amulette helfen der Waage, emotional ausgeglichen zu bleiben, und tragen dazu bei, in allen Bereichen ihres Lebens (beruflich, emotional, spirituell und finanziell) ein Gleichgewicht herzustellen.

Name	Art des Amuletts		Zweck
Jade	Grüner (Halbedel-)Stein		Sorgt für mehr materielles und finanzielles Gleichgewicht.
Topas	Brauner oder goldener (Halbedel-)Stein		Verleiht seinem Träger Energie.
Smaragd	Grüner Edelstein		Hat die gleichen Eigenschaften wie Jade und eignet sich besonders gut als geschliffener Schmuckstein.
Aquamarin	Grünlich-blauer (Halbedel-)Stein		Ein Stein mit kraftvoller Energie, die an das Meer erinnert. Dient als Ausgleich für die eher unbeständige Seite der Waage.
Hortensie	Blume		Die sich verändernde Blütenfarbe steht für Anpassungsfähigkeit.
Rosa und Türkis	Farben		Rosa: wird mit Venus (dem weiblichen Herrscherplaneten der Waage) assoziiert. Türkis: steht aufgrund seiner Farbintensität ebenfalls mit der Waage in Verbindung; symbolisiert Mitte und Gleichgewicht.

11 DIE GERECHTIGKEIT 11

Zugehörige Tarotkarte: Die Gerechtigkeit

Jedem Zeichen ist eine Tarotkarte zugeordnet, die einige seiner Eigenschaften symbolisiert. Bei der Waage ist das Die Gerechtigkeit. Diese Karte steht für Ausgewogenheit, Wahrheit, Gerechtigkeit und (auf der negativen Seite) für mangelnde Entscheidungsfreudigkeit. All das sind Schlüsselthemen dieses Sternzeichens – Bereiche, in denen Waage-Geborene sich besonders große Mühe geben müssen.

Berühmte Waagen: Kim Kardashian, Pedro Almodóvar, Will Smith und Julie Andrews

Ritual für Waagen, um sie ins Gleichgewicht zu bringen und ihre Entschlusskraft zu stärken

Du brauchst:

- weiße Kerze
- Streichhölzer
- Papier und Bleistift
- Tee (dein Lieblingstee)
- Glasgefäß mit Deckel
- Quarzkristall

Durchführung:

Zünde bei Vollmond an einem sicheren Ort die Kerze an und umgib dich mit den oben genannten Gegenständen. Überlege, welcher Aspekt deines Lebens nicht im Gleichgewicht ist. Schreibe auf, was du tun kannst, um die Situation zu verbessern. Lege den Zettel auf einen Tisch. Gib den Tee in das Glasgefäß, schließe den Deckel, stelle das Glas auf den Zettel und lege den Kristall auf den Deckel. Lasse das Glas mit dem Kristall im Mondlicht stehen.

Waage-Kompatibilitäten

Denke daran, neben dem Sonnenzeichen auch dein Mond-,
Venus- und Marszeichen zu überprüfen.

WAAGE
♥♥♥♥ ♥♥♥♥♥ ♥

Trotz ihrer gemeinsamen Vorliebe für Ordnung und Ästhetik müssen sie aufgrund ihrer Unentschlossenheit und ihrer dramatischen Art, mit Konflikten umzugehen, daran arbeiten, sich gegenseitig zu verstehen.

+SKORPION
♥♥♥♥♥ ♥♥♥♥♥

Die Intensität des Skorpions kann die Waage überwältigen. Es kann zu einer gewissen Abhängigkeit kommen, da Skorpione zur Manipulation neigen und Waagen vielleicht auf ihre Spielchen hereinfallen.

+ SCHÜTZE
♥♥♥♥♥ ♥♥♥♥♥

Der Optimismus und das Sich-treiben-Lassen des Schützen passen wunderbar zur Waage – unter seinem Einfluss kann die Waage lernen, Entscheidungen zu treffen. Normalerweise funktionieren diese beiden Zeichen am besten als Freunde.

+ STEINBOCK
♥♥♥♥♥♥♥♥♥ ♥

Wie andere Erdzeichen hat auch der Steinbock ziemlich starre, unflexible Ansichten, und obwohl beide Zeichen kardinal sind, wird die Waage den Ehrgeiz und das schroffe Wesen des Steinbocks vielleicht als zu entschlossen und bestimmt empfinden.

+WASSERMANN
♥♥♥♥♥♥ ♥♥♥♥

Ein gutes Paar! Beide brauchen ihren Freiraum. Der Wassermann hat jedoch eine viel stärkere Persönlichkeit als die Waage, und die Waage kann sich in dieser Beziehung vielleicht nicht behaupten.

+ FISCHE
♥♥♥♥♥♥ ♥♥♥♥

Beide sind weiche und sanfte Seelen. Sie sind gute Zuhörer, aber die emotionale Intensität der Fische kann die Waage aus dem Gleichgewicht bringen, obwohl eine starke Anziehungskraft zwischen ihnen besteht.

+ WIDDER
♥♥♥♥ ♥♥♥♥♥♥

Obwohl der Widder eine starke Persönlichkeit hat, wird die Waage seine Initiative unwiderstehlich finden. Dieses Paar mag sehr unterschiedlich erscheinen, aber sie ergänzen sich gut – auch sexuell.

+ STIER
♥♥♥♥♥♥ ♥♥♥♥

Der Stier ist stur, ja sogar dickköpfig, und die Waage ändert oft ihre Meinung, weshalb es häufig zu Streitigkeiten kommt. Trotzdem lieben beide das Harmonische und Schöne.

+ ZWILLINGE
♥♥♥♥ ♥♥♥♥♥♥

Zwischen diesen beiden besteht eine starke körperliche Anziehungskraft. Sie sind beide gesellig und suchen nach leichten, angenehmen, nicht zu intensiven Beziehungen.

+ KREBS
♥♥♥♥♥♥ ♥♥♥♥

Der wechselhafte, eher gefühlsbetonte Krebs kann auf die Waage destabilisierend wirken. Es bedarf beiderseitiger Anstrengung, damit die Beziehung funktioniert. Sie haben Kommunikationsschwierigkeiten.

+LÖWE
♥♥♥♥♥♥ ♥♥♥♥

Die Waage ist empfänglich für die Sinnlichkeit des Löwen und wird seinem Charme verfallen. Aber der Löwe liebt in Beziehungen die Abwechslung. Die Unentschlossenheit der Waage kann den fröhlichen Löwen überfordern.

+ JUNGFRAU
♥♥♥♥ ♥♥♥♥♥♥

Die beiden können miteinander auskommen, aber die Jungfrau hat sehr eindeutige Ansichten, und die Waage ändert oft ihre Meinung; daher können sie sich gegenseitig auf die Nerven gehen. Eine Beziehung erfordert viel Geduld.

DER MYTHOS DES STERNZEICHENS WAAGE:
Astraea oder Julius Cäsar?

Das Sternbild Waage wird durch die Waagschalen der Gerechtigkeit dargestellt. Getragen wird die Waage von der (auch im Sternbild Jungfrau vertretenen) Göttin Astraea.

Astraea war die Tochter von Zeus und Themis, der Göttin der göttlichen Gerechtigkeit, und einigen Quellen zufolge war sie auch eine der Titaninnen. Astraea wurde von ihrer Mutter mit der Aufgabe betraut, bei der Rechtsprechung unter den Sterblichen mitzuhelfen – die Mutter repräsentierte die göttliche, die Tochter die sterbliche Gerechtigkeit.

Astraea war die Letzte der Unsterblichen, die in der Unterwelt lebte. Ihr Vater Zeus verwandelte sie am Ende des Goldenen Zeitalters (einer mythologischen Ära, in der Götter und Sterbliche nebeneinander lebten und in der die meisten griechischen Mythen spielen) in ein Sternbild. Die Waage, die das gleichnamige Sternbild bildet, befindet sich rechts von ihr. In einigen Darstellungen dieses Sternbilds hält Astraea diese Waage, die für Gerechtigkeit steht.

Astraea ist auch als Trägerin des Blitzbündels des Zeus bekannt und die einzige Titanin, die ihre Jungfräulichkeit bewahren durfte. Da sie Zeus' Verbündete im Krieg der Titanen war, gewährte der Gott ihr diese Ehre.

Die Waage ist ein eigenständiges Sternbild mit schwach leuchtenden Sternen, das zwischen den Sternbildern Jungfrau und Skorpion liegt. In einigen antiken Darstellungen ist das Sternbild Waage Teil des Skorpions – in Griechenland wurde es sogar manchmal als Skorpionschere bezeichnet. Die Waage wurde im alten Rom auf Anordnung von Julius Cäsar zu einem Sternbild erhoben und ist das einzige Sternbild, das weder ein Tier noch eine mythologische Figur darstellt.

Ein weiteres Symbol, das sich im Sternbild Waage verbirgt, ist die Beziehung zwischen der Waage und ihrer Herrscherin Venus. Sie symbolisiert den Charme dieser Göttin und das empfindliche Gleichgewicht, das sie verkörpert: auf der einen Seite die reine Liebe, auf der anderen die Lust. Dieses empfindliche Gleichgewicht verkörpert das Wesen der Anziehung und Liebe zwischen Sterblichen, und es manifestiert sich in den Menschen, die in diesem Sternzeichen geboren wurden.

Darstellung der Waage

Wenn man die verborgene Bedeutung der Waage weiter erforscht, findet man ihren Ursprung und ihre Verbindung zum Thema Gerechtigkeit im alten Ägypten und seinen Bestattungsriten. Wenn ein Mensch starb, musste er sich vor den Göttern Osiris, Thot und Anubis verantworten. Der Verstorbene gab Anubis sein Herz, der es in eine Waagschale legte. Das Herz stand für die guten Taten des Verstorbenen im Leben. In der anderen Waagschale befand sich eine Feder, die die schlechten Taten symbolisierte. Wenn das Herz mehr wog als die Feder, hatte der Verstorbene das ewige Leben verdient. Später übernahmen die Griechen die Waage als Symbol für Gerechtigkeit, und die Römer stellten die Göttin Justitia mit Waage, Schwert und Augenbinde dar, wie es auch heute noch üblich ist.

Waage-Phase

19. Oktober

25. Oktober

Skorpion-Phase

Jungfrau ♍
Erde
beweglich
negativ

Waage ♎
Luft ♎
kardinal
positiv

Skorpion ♏
Wasser ♏
fest
negativ

Schütze ♐
Feuer
beweglich
positiv

19. Oktober — 25. Oktober

Scheitelpunkte sind die Tage unmittelbar vor und nach dem astrologischen Sternzeichenwechsel. Menschen, die an diesen Tagen geboren sind, können sich mit Eigenschaften des früheren und des späteren Zeichens identifizieren. Je nach ihrem übrigen Geburtshoroskop fühlen sie sich entweder ihrem Sonnenzeichen oder dem darauffolgenden Zeichen zugehörig.

Diese Scheitelkinder sind hinreißend attraktiv. Das liegt daran, dass sie die Sinnlichkeit der Venus (Herrscherplanet der Waage) mit der Leidenschaft und Wildheit des Pluto (Herrscherplanet des Skorpions) verbinden. Sie legen großen Wert auf Ästhetik und ihr persönliches Image, haben aber auch einen berechnenden Verstand, mit dem sie Pläne aushecken und ihre Eroberungen umgarnen. Manchmal verstricken sie sich in ziemlich turbulente Beziehungen, denn einerseits idealisieren sie ihren Partner oft, andererseits fühlen sie sich zu geheimnisvollen Menschen oder solchen mit viel Mars-Energie (sexuell und körperlich) hingezogen. Sie erleben starke Leidenschaften.

Skorpion
23. Oktober – 22. November

Herrscherplanet:
Pluto

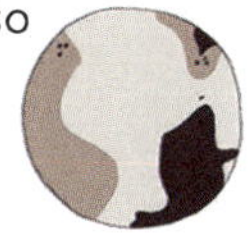

Element: Wasser

Qualität: fest
Polarität:
negativ/weiblich

Achtes Haus:
Tabus, Sex,
Intimität, Tod,
Wiedergeburt

Der Skorpion ist ein berüchtigtes Sternzeichen: ein bisschen abgedreht,
manipulativ und sogar etwas unheimlich. Er ist auch das Zeichen mit der
größten emotionalen Tiefe, einer starken Fähigkeit zur Empathie und der
Gabe, sich wie Phönix aus der Asche zu erheben. Der Skorpion ist das
Zeichen der tiefgreifenden Verwandlung; er möchte die Komplexität der
menschlichen Seele vollständig erforschen. Leben und Tod, das Spirituelle
und Okkulte sind Themen, die den Skorpion mehr oder weniger stark
beschäftigen. Er ist eines der leidenschaftlichsten Zeichen, da Sex (in
Verbindung mit der Erforschung des Unterbewusstseins, des Verborgenen
und der Tabus) ein Bereich ist, in dem sich Skorpione besonders zu
Hause fühlen. Der Skorpion ist charismatisch und verführerisch, aber
seine Anziehungskraft liegt im Geheimnisvollen, Sexuellen, Verbotenen.
Skorpione können zu Obsessionen oder toxischen Beziehungen neigen.
Wenn du Skorpion bist, aber keine solchen Abgründe in dir erkennst,
solltest du dein Geburtshoroskop erstellen (ab S. 134). – du hast
wahrscheinlich dominante Planeten in anderen Zeichen.

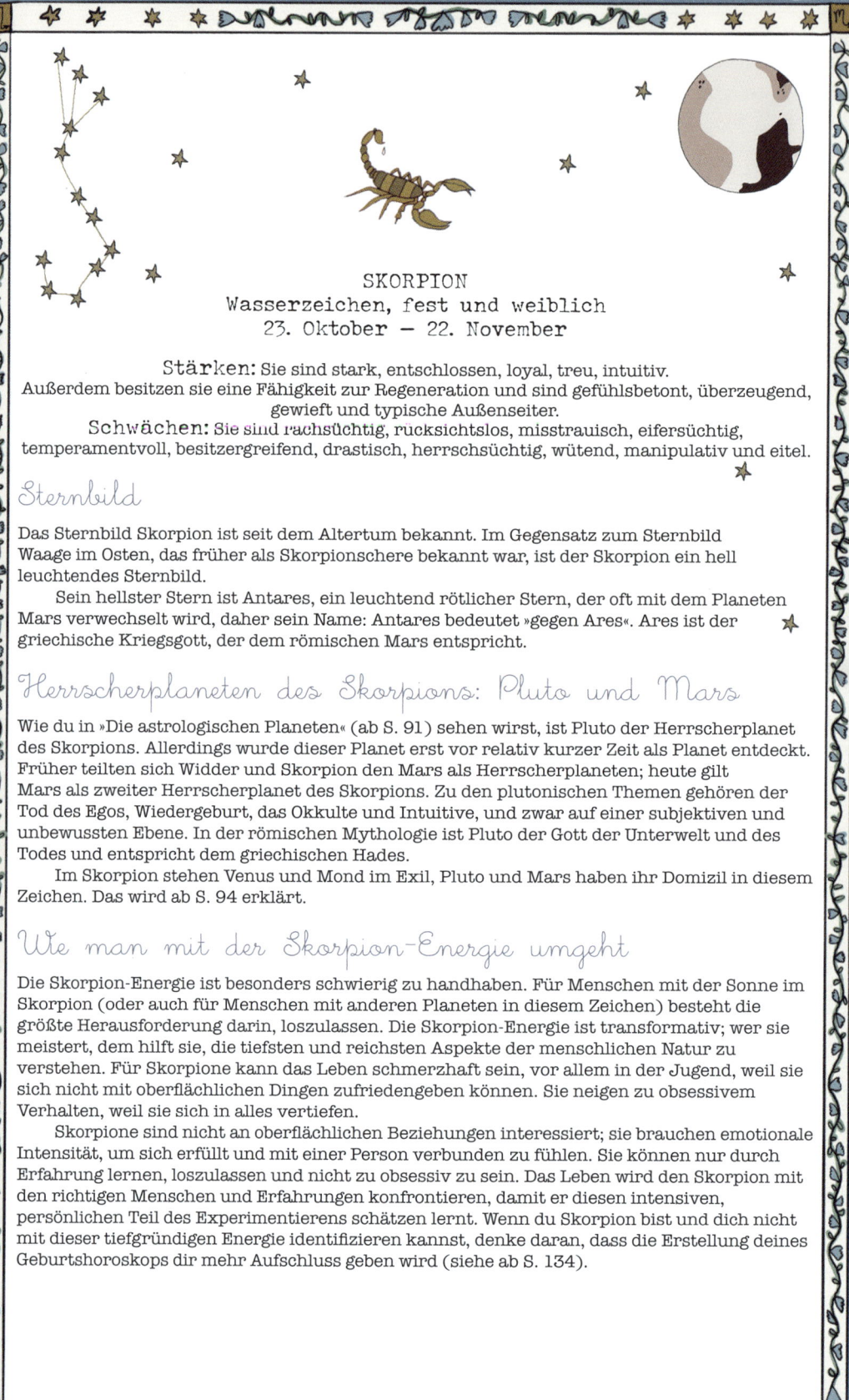

```
              SKORPION
    Wasserzeichen, fest und weiblich
       23. Oktober — 22. November
```

Stärken: Sie sind stark, entschlossen, loyal, treu, intuitiv.
Außerdem besitzen sie eine Fähigkeit zur Regeneration und sind gefühlsbetont, überzeugend,
gewieft und typische Außenseiter.
Schwächen: Sie sind rachsüchtig, rücksichtslos, misstrauisch, eifersüchtig,
temperamentvoll, besitzergreifend, drastisch, herrschsüchtig, wütend, manipulativ und eitel.

Sternbild

Das Sternbild Skorpion ist seit dem Altertum bekannt. Im Gegensatz zum Sternbild
Waage im Osten, das früher als Skorpionschere bekannt war, ist der Skorpion ein hell
leuchtendes Sternbild.

Sein hellster Stern ist Antares, ein leuchtend rötlicher Stern, der oft mit dem Planeten
Mars verwechselt wird, daher sein Name: Antares bedeutet »gegen Ares«. Ares ist der
griechische Kriegsgott, der dem römischen Mars entspricht.

Herrscherplaneten des Skorpions: Pluto und Mars

Wie du in »Die astrologischen Planeten« (ab S. 91) sehen wirst, ist Pluto der Herrscherplanet
des Skorpions. Allerdings wurde dieser Planet erst vor relativ kurzer Zeit als Planet entdeckt.
Früher teilten sich Widder und Skorpion den Mars als Herrscherplaneten; heute gilt
Mars als zweiter Herrscherplanet des Skorpions. Zu den plutonischen Themen gehören der
Tod des Egos, Wiedergeburt, das Okkulte und Intuitive, und zwar auf einer subjektiven und
unbewussten Ebene. In der römischen Mythologie ist Pluto der Gott der Unterwelt und des
Todes und entspricht dem griechischen Hades.

Im Skorpion stehen Venus und Mond im Exil, Pluto und Mars haben ihr Domizil in diesem
Zeichen. Das wird ab S. 94 erklärt.

Wie man mit der Skorpion-Energie umgeht

Die Skorpion-Energie ist besonders schwierig zu handhaben. Für Menschen mit der Sonne im
Skorpion (oder auch für Menschen mit anderen Planeten in diesem Zeichen) besteht die
größte Herausforderung darin, loszulassen. Die Skorpion-Energie ist transformativ; wer sie
meistert, dem hilft sie, die tiefsten und reichsten Aspekte der menschlichen Natur zu
verstehen. Für Skorpione kann das Leben schmerzhaft sein, vor allem in der Jugend, weil sie
sich nicht mit oberflächlichen Dingen zufriedengeben können. Sie neigen zu obsessivem
Verhalten, weil sie sich in alles vertiefen.

Skorpione sind nicht an oberflächlichen Beziehungen interessiert; sie brauchen emotionale
Intensität, um sich erfüllt und mit einer Person verbunden zu fühlen. Sie können nur durch
Erfahrung lernen, loszulassen und nicht zu obsessiv zu sein. Das Leben wird den Skorpion mit
den richtigen Menschen und Erfahrungen konfrontieren, damit er diesen intensiven,
persönlichen Teil des Experimentierens schätzen lernt. Wenn du Skorpion bist und dich nicht
mit dieser tiefgründigen Energie identifizieren kannst, denke daran, dass die Erstellung deines
Geburtshoroskops dir mehr Aufschluss geben wird (siehe ab S. 134).

Amulette für den Skorpion

Die geeignetsten Amulette für den Skorpion helfen ihm, emotional ausgeglichen zu bleiben und in allen Bereichen seines Lebens (beruflich, in der Liebe, spirituell und finanziell) mehr Gleichgewicht anzuziehen.

Name	Art des Amuletts		Zweck
Obsidian	Schwarzer (Halbedel-)Stein		Steigert die Vitalität, beeinflusst die Libido und die sexuellen Gefühle.
Malachit	Grüner (Halbedel-)Stein		Gibt seinem Träger Energie, sodass er in Stresssituationen einen kühlen Kopf bewahrt und nicht überreagiert.
Roter Jaspis	Braun-goldener (Halbedel-)Stein		Steht für Leidenschaft.
Eisen- oder Stahlschlüssel	Gegenstand		Zieht materiellen Reichtum und emotionale und finanzielle Sicherheit an. Skorpione sollten ihn immer bei sich tragen.
Pfingstrose	Blume		Steht für sexuelles Verlangen und Anziehung.
Rot und Schwarz	Farben		Rot: Farbe der Kraft, Vitalität und Leidenschaft. Schwarz: Farbe der Trauer und des Todes, des Endes und des Anfangs.

Zugehörige Tarotkarte: Der Tod

Jedem Zeichen ist eine Tarotkarte zugeordnet, die einige seiner Eigenschaften symbolisiert. Der Tod steht nicht nur für ein Ende, sondern auch für einen Anfang. Diese Karte weist uns auf die wichtigste Lernaufgabe des Skorpions hin: Erfahrungen loslassen, sich dem Leben in all seinen Aspekten stellen und Licht und Schatten umarmen – das sind Bereiche, an denen er arbeiten muss.

Berühmte Skorpione: Drake, Winona Ryder, Emma Stone, Joaquin Phoenix, Penn Badgley und Björk

13   DER TOD   13

Ritual für Skorpione, damit sie loslassen lernen

Du brauchst:

- Streichhölzer
- 1 weiße Kerze
- Weihrauch-Räucherstäbchen

Durchführung:
Wenn dich eine Situation überfordert, zünde mit einem Streichholz die Kerze an. Als Nächstes zündest du an einem sicheren Ort (zum Beispiel zu Hause) mit der Kerze das Räucherstäbchen an. Betrachte den Rauch und denke darüber nach, was du loslassen möchtest. Wenn du so weit bist, lasse das Weihrauch-Räucherstäbchen vollständig abbrennen und Ruhe und Gelassenheit in dein Inneres einkehren.

Skorpion-Kompatibilitäten

Denke daran, neben dem Sonnenzeichen auch dein
Mond-, Venus- und Marszeichen zu überprüfen.

+ SKORPION
♥ ♥ ♥ ♥ ♥ ♥ ♥ ♥ ♥ ♥

Zwei sehr intensive und sexuell orientierte Menschen; aber da sie beide jähzornig und etwas eigensinnig sind, können Probleme entstehen. Sie müssen sich in Geduld und Vergebung üben.

+ SCHÜTZE
♥ ♥ ♥ ♥ ♥ ♥ ♥ ♥ ♥ ♡

Obwohl sie gemeinsam Spaß haben können, empfindet der Schütze die Liebe als etwas Freies, und der Skorpion strebt danach, mit dem geliebten Menschen zu verschmelzen. Diese Beziehung wird wohl kaum gedeihen.

+ STEINBOCK
♥ ♥ ♥ ♥ ♥ ♥ ♥ ♥ ♥ ♡

Sie ergänzen sich gut und können eine feste Beziehung aufbauen, in der finanzielle Stabilität herrscht und eine intime körperliche und emotionale Bindung vorhanden ist. Sie sollten sich aber vor Eifersucht und Machtspielchen hüten.

+WASSERMANN
♥ ♥ ♥ ♥ ♥ ♥ ♥ ♥ ♥ ♡

Anfangs fühlen sie sich zueinander hingezogen, doch der Skorpion ist ein eifersüchtiges Zeichen. Der Wassermann distanziert sich entweder beim ersten Anzeichen von Eifersucht oder der Skorpion fühlt sich nicht sicher genug.

+ FISCHE
♥ ♥ ♥ ♥ ♥ ♥ ♥ ♥ ♥ ♥

Beide sind sehr gefühlsbetont und intuitionsbegabt. Der Fisch fühlt sich in der Nähe des Skorpions beschützt, umsorgt und verstanden, und der Skorpion kann in diesem Zeichen Liebe finden.

+ WIDDER
♥ ♥ ♥ ♥ ♥ ♥ ♥ ♥ ♥ ♡

Diese Beziehung kann kompliziert sein. Die Impulsivität des Widders steht im Widerspruch zum instinktiven, geheimnisvollen Skorpion. Sie können sich jedoch gegenseitig ermutigen und sehr leidenschaftlich sein.

+STIER
♥ ♥ ♥ ♥ ♥ ♥ ♥ ♥ ♡ ♡

Komplementäre Gegensätze. Zwischen ihnen herrscht eine große Anziehungskraft, aber damit sich der Stier wohlfühlt, muss der Skorpion lernen, sein Innenleben in den Griff zu bekommen. Beide müssen sich etwas Freiraum geben.

+ ZWILLINGE
♥ ♥ ♥ ♥ ♥ ♥ ♥ ♥ ♡ ♡

Sie sind beide experimentierfreudig und entdecken gern neue, originelle Dinge. Aber der Skorpion verlangt in einer Beziehung viel Engagement und Hingabe, und das kann den Zwilling leicht überfordern.

+ KREBS
♥ ♥ ♥ ♥ ♥ ♥ ♥ ♥ ♥ ♥

Ein gutes Paar. Die beiden brauchen viel Intimität in einer Liebesbeziehung, denn die Anziehungskraft kann sehr stark sein. Beide sind temperamentvoll und müssen lernen, zu verzeihen.

+ LÖWE
♥ ♥ ♥ ♥ ♥ ♡ ♥ ♥ ♥ ♡

Beide haben starke Persönlichkeiten, daher kann es häufig zu Streitigkeiten kommen. Sie fühlen sich körperlich zueinander hingezogen, sind jedoch sehr individualistisch und werden daher oft aneinandergeraten.

+JUNGFRAU
♥ ♥ ♥ ♥ ♥ ♥ ♥ ♥ ♥ ♥

Diese Beziehung kann emotional stabil sein, da beide sich darin beschützt und umsorgt fühlen. Der Skorpion sollte versuchen, seinen Verstand öfter einzusetzen, und die Jungfrau sollte aufhören, so kritisch zu sein.

+ WAAGE
♥ ♥ ♥ ♥ ♥ ♡ ♥ ♥ ♥ ♡

Sie können miteinander auskommen, aber die Eifersucht des Skorpions kann die Waage überfordern, die keine Psychospielchen oder hohe Ansprüche mag. Auf körperlicher Ebene verstehen sie sich ziemlich gut.

Orion und der Skorpion

Von dem Mythos, der den Ursprung des Sternbildes Skorpion erklärt, sind zwei Versionen bekannt. In beiden geht es um Orion und den Skorpion.

Orion ist eine mythologische Figur, die in vielen Quellen auftaucht, obwohl kein antiker Autor die Geschichte über ihn detailliert erzählt. Orion war ein großer Krieger und ein Riese – so groß, dass er auf dem Grund des Meeres wandeln konnte und sein Kopf dabei über die Wellen hinausragte.

Ein Mythos besagt, dass der Riese Orion versuchte, Artemis – die jungfräuliche Göttin der Wälder und der Jagd, Beschützerin der Tiere und der Natur – zu vergewaltigen, während sie auf der Jagd war. Um sich zu verteidigen, bat Artemis einen Skorpion um Hilfe. Dieser stach Orion und tötete ihn. Aus Dankbarkeit erhob die Göttin den Skorpion zu einem Sternbild.

Der andere Mythos besagt, dass Orion der Sohn des Meeresgottes Poseidon und der Prinzessin Euryale von Minos war. Poseidon verlieh seinem Sohn die Fähigkeit, auf dem Wasser zu gehen. Bei diesem Mythos gibt es zwei Unterversionen: Die eine besagt, dass Orion erblindete und von einem Skorpion gestochen und getötet wurde, als er ziellos umherirrte. In der zweiten Version war Orion, ein großer Jäger, mit Artemis und ihrer Mutter Leto auf der Jagd. Um vor den Göttinnen anzugeben, sagte Orion, dass er alle Tiere der Erde töten könnte, wenn er wollte, da er ein großartiger Jäger sei. Als sie dies hörte, wurde die Göttin Gaia, die Beschützerin der Erde, wütend auf ihn. Aber sie fühlte sich auch bedroht und hatte Angst, und so schickte sie einen Riesenskorpion, um ihm den Garaus zu machen. Der Skorpion tötete Orion, und Gaia erhob den Skorpion zu einem Sternbild. Die Göttinnen Leto und Artemis, die von all dem beeindruckt waren, machten Orion ebenfalls zu einem Sternbild, stellten ihn aber dem Skorpion gegenüber (siehe die Sternkarten auf den S. 12–13). Das Sternbild Orion leuchtet im Winter am hellsten und wird im Sommer schwächer, während das Sternbild Skorpion im Sommer heller und im Winter schwächer leuchtet – die beiden sind sich eben tatsächlich niemals einig.

Darstellung des Skorpions

Der Skorpion taucht in verschiedenen Mythologien auf, wobei es oft um den Zwiespalt zwischen seiner geringen Größe und scheinbaren Zerbrechlichkeit und seinem tödlichen Gift geht, mit dem er ein großes Tier oder sogar einen Menschen töten kann, wenn er sich bedroht fühlt. Diese Bedeutung passt gut zu den Eigenheiten des Skorpions. Andererseits wird die Skorpion-Energie auch mit dem Mythos von Persephone in Verbindung gebracht: das unschuldige junge Mädchen, das als starke, reife Frau aus dem Hades zurückkehrt. Dies ist eine Anspielung auf den Transformationsprozess, den Skorpion-Frauen oder Frauen mit dem Mond im Skorpion in ihrer Jugend häufig durchmachen. Eine der größten Herausforderungen für den Skorpion ist es, die ganze Intensität und Kraft dieses Sternzeichens anzunehmen, statt sie abzulehnen.

Skorpion-Phase

19. November

25. November

Schütze-Phase

Waage ♎
Luft ♎
kardinal
positiv

Skorpion ♏
Wasser ▽
fest
negativ

Schütze
Feuer △
veränderlich
positiv

Steinbock ♑
Erde
negativ
kardinal

Wassermann ♒
Luft
positiv

Fische ♓
Wasser
veränderlich
negativ

Widder ♈
Feuer
positiv
kardinal

Stier ♉

19. November — 25. November

Scheitelpunkte sind die Tage unmittelbar vor und nach dem astrologischen Sternzeichenwechsel. Menschen, die an diesen Tagen geboren sind, können sich mit Eigenschaften des früheren und des späteren Zeichens identifizieren. Je nach ihrem übrigen Geburtshoroskop fühlen sie sich entweder ihrem Sonnenzeichen oder dem darauffolgenden Zeichen zugehörig.

Skorpion-Schütze-Scheitelkinder vereinen die ganze Intensität des Skorpion-Wassers und des Schütze-Feuers in sich. So entstehen starke, rebellische Charaktere mit viel Initiative. Sie können auch in ihren Beziehungen extrem sein: Sie wollen alles oder nichts von den Menschen, die sie lieben. Gleichzeitig fühlen sie sich oft unsicher, weil sie wissen, wie viel Liebe sie brauchen, und laufen weg, wenn sie merken, dass sie verletzt werden könnten. Sie sind spirituelle Menschen, die die Tiefe des Skorpions mit dem Wunsch des Schützen verbinden, neue Ideen zu erforschen.

Schütze
23. November – 21. Dezember

Herrscherplanet: Jupiter

Element: Feuer

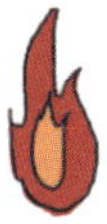

Qualität: beweglich
Polarität: positiv / männlich

Neuntes Haus: rauskommen, reisen, die Welt sehen, aus sich herausgehen

Der Schütze ist das furchtloseste Sternzeichen des Tierkreises. Seine Energie lehrt uns, zu teilen, uns zu öffnen, zu genießen, zu geben und zu empfangen; wir sollen aus unserer Komfortzone herauskommen, Grenzen überschreiten, die Welt entdecken und nach persönlicher Erfüllung streben. Deshalb haben Schützen in der Regel eine rastlose Natur, die immer etwas Neues lernen und entdecken will. Sie sind gesellig, aber nicht leichtfertig. Von allen Feuerzeichen interessieren sie sich am meisten für Philosophie und dafür, wie andere Menschen denken. Schützen sind immer bereit, aus ihren Erfahrungen zu lernen. Sie sind optimistische Menschen mit einer leidenschaftlichen Begeisterung für das Leben. Nichts macht sie glücklicher, als das, was sie haben, mit ihren Freunden zu teilen, Spaß zu haben, auszugehen und zu reisen. Sie sind aufgeschlossen und tolerant und haben oft Freunde mit unterschiedlichen Hintergründen, Überzeugungen und Meinungen. Sie können aber auch etwas zerstreut sein und Verantwortung aus dem Weg gehen. Wenn du Schütze bist und dich damit nicht identifizieren kannst, solltest du dein Geburtshoroskop erstellen, um zu sehen, welche Zeichen darin dominieren (siehe ab S. 134).

SCHÜTZE
Feuerzeichen, beweglich und männlich
23. November – 21. Dezember

Stärken: Sie sind optimistisch, aufrichtig, aufgeschlossen, tolerant, gesellig, großzügig, frei, abenteuerlustig, neugierig, kontaktfreudig und freundlich.
Schwächen: Sie sind verschwenderisch, ungeduldig, reizbar, verantwortungslos, exzentrisch, extrem, rücksichtslos, ungeschickt, unordentlich und übertreiben gern.

Sternbild

Das Sternbild Schütze liegt besonders weit südlich und ist daher von der nördlichen Hemisphäre aus schwer zu erkennen. Der lateinische Name (*sagittarius*) bedeutet »Bogenschütze«. Sein hellster Stern ist Kaus Australis. Der Schütze ist von den Sternbildern Adler, Skorpion und Steinbock umgeben.

Der Herrscherplanet des Schützen: Jupiter

Wie du in »Die astrologischen Planeten« (ab S. 91) sehen wirst, ist Jupiter der Herrscherplanet des Schützen. Er ist das Äquivalent des Gottes Zeus. Wie du mittlerweile weißt, war Zeus der Playboy des Olymps: sorglos, flirtlustig, reizbar – und das ist noch nett ausgedrückt. Obwohl der planetarische Einfluss von Jupiter aufgrund seiner langsamen Umlaufbahn weniger stark ist, steht Jupiter für Ordnung und Autorität. Der Jupiter-Einfluss manifestiert sich dadurch, dass er die Schützen äußerst gesellig und freundlich macht. Außerdem gilt Jupiters Herrschaft als Glücksfall – wer unter ihm geboren ist, wird wahrscheinlich gute finanzielle Nachrichten erhalten. Aber im Gegenzug wirkt diese Herrschaft auch als Verstärker negativer Auswirkungen.

Schütze hat den Mond im Exil, den südlichen Mondknoten und Eris erhöht und den nördlichen Mondknoten und Ceres im Fall. Das wird ab S. 94 erklärt.

Wie man mit der Schütze-Energie umgeht

Die Schütze-Energie gehört zu den lebhaftesten, furchtlosesten und abenteuerlustigsten im Tierkreis. Weil sie im Jetzt und Hier leben und die Freuden des Lebens genießen wollen, geben Schütze-Menschen jedoch oft übermäßig viel Geld aus, und ihre Unachtsamkeit und ihr Mangel an Planung und Organisation können zu prekären Situationen führen. Schützen müssen sich ihr ganzes Leben lang bemühen, sich so gut wie möglich zu organisieren. Wenn ihr Geburtshoroskop keine Positionen in Erdzeichen aufweist, sollten Schützen versuchen, feste Regeln für den Umgang mit ihrer Energie aufzustellen – nicht um sie zu unterdrücken, sondern um das Beste aus ihr zu machen. Statt ihr Geld für kleine, unwichtige Dinge auszugeben, können sie zum Beispiel lernen, besser damit umzugehen und es lieber für einen Kurs, eine Aktivität, die ihnen Spaß macht, oder für eine Reise zu verwenden. Sie können auch lernen, die Aktivitäten, die ihnen am meisten Spaß machen, in ihrem Berufsleben zu nutzen, denn ein langweiliger und eintöniger Job könnte das Schütze-Feuer zum Erlöschen bringen. Der Schlüssel zum Umgang mit den dominanten Energien der Schütze-Persönlichkeit liegt darin, sie nicht zu verleugnen, sondern mithilfe selbst definierter Regeln das Beste aus ihr herauszuholen.

Amulette für den Schützen

Die geeignetsten Amulette für Schützen beruhigen ihre Gedanken, heben ihre Stimmung und helfen ihnen, gute Entscheidungen zu treffen, die das Glück anziehen. Außerdem geben sie ihnen die Ruhe und Vernunft, es zu bewahren.

Name	Art des Amuletts		Zweck
Saphir	Blauer Edelstein		Beruhigt das Innenleben des Schützen, sodass er seine Entscheidungen in aller Ruhe treffen kann.
Opal	Mehrfarbiger (Halbedel-)Stein		Hilft dem Schützen, an sich selbst zu glauben, sein volles Potenzial zu erreichen und sein Bestes zu geben.
Lapislazuli	Blauer Edelstein		Wird mit geistigen Fähigkeiten und Intellekt assoziiert.
Lorbeerblatt	Pflanze		Zieht Glück und finanziellen Reichtum an. Schützen sollten einige Lorbeerblätter in einem Beutel bei sich tragen.
Nelke	Blume		Steht für Anziehung und sexuelles Verlangen.
Violett	Farbe		Violett oder seine Varianten (Lila, Fliederfarben) stehen für finanziellen Wohlstand und haben auch einen Bezug zu spirituellen oder mystischen Reisen und Lernprozessen.

DIE MÄSSIGKEIT

Zugehörige Tarotkarte: Die Mäßigkeit

Jedem Zeichen ist eine Tarotkarte zugeordnet, die einige seiner Eigenschaften symbolisiert. Die Mäßigkeit wird mit Maßhalten und Ausgewogenheit assoziiert. Das ist eine wichtige Lehre für den Schützen, da ihm diese Eigenschaften nicht angeboren sind und er sie im Lauf seines Lebens erst erwerben muss.

Berühmte Schützen: Miley Cyrus, Britney Spears, Brad Pitt, Steven Spielberg und Christina Aguilera

Ritual für Schützen, um materiellen Wohlstand anzuziehen

Du brauchst:

- Holzkohle
- Streichhölzer
- Lorbeerblätter
- Zucker

Durchführung:

Lege die Holzkohle an einem sicheren Platz in ein feuerfestes Gefäß und zünde sie mit den Streichhölzern an. Füge die Lorbeerblätter und den Zucker hinzu und sage dabei: »Ich will Geld bekommen und ich werde Geld haben; mit den Lorbeerblättern, die ich verbrenne, werde ich Geld anziehen.« Warte, bis die Blätter vollständig verkohlt sind, und wirf dann die Asche in die Luft, während du den Satz noch einmal wiederholst.

Schütze-Kompatibilitäten

Denke daran, neben dem Sonnenzeichen auch dein Mond-, Venus- und Marszeichen zu überprüfen.

+ SCHÜTZE
♥ ♥ ♥ ♥ ♥ ♥ ♥ ♥ ♡ ♡

Diese beiden Menschen haben volles Verständnis für den Freiheitsdrang des anderen und respektieren dessen Freiraum. Aber in finanziellen Dingen können sie unordentlich und sorglos sein.

+ STEINBOCK
♥ ♥ ♥ ♥ ♥ ♥ ♥ ♡ ♡ ♡

Obwohl die verrückten Ideen des Schützen sich mit dem Ehrgeiz des Steinbocks verwirklichen lassen, missverstehen die beiden sich in Liebesdingen oft. Doch im Geschäftsleben ergänzen sie sich gut.

+WASSERMANN
♥ ♥ ♥ ♥ ♥ ♥ ♥ ♥ ♡ ♡

Sie lieben beide die Freiheit. Der Wassermann könnte den Schützen als etwas sorglos empfinden und der Schütze könnte den Wassermann für etwas seltsam halten. Sie respektieren den Freiraum des jeweils anderen.

+ FISCHE
♥ ♥ ♥ ♥ ♥ ♥ ♥ ♥ ♥ ♡

Obwohl die beiden einander vielleicht anziehend finden, kann sich der Schütze von den vielen Gefühlen des Fischs belastet fühlen. Dennoch sind beide Idealisten und werden dafür kämpfen, ihre Fantasie auszuleben.

+WIDDER
♥ ♥ ♥ ♥ ♥ ♥ ♥ ♥ ♡ ♡

In vielerlei Hinsicht eine gute Kombination. Aber beide sind impulsiv und reizbar, könnten sich häufig streiten, und der Widder ist manchmal ein bisschen eifersüchtig.

+ STIER
♥ ♥ ♥ ♥ ♥ ♥ ♥ ♥ ♡ ♡

Der Stier, der vor allem Stabilität und Ruhe im Leben sucht, könnte die Flucht ergreifen, wenn er sieht, welche Achterbahn ihm mit dem Schützen bevorsteht.

+ ZWILLINGE
♥ ♥ ♥ ♥ ♥ ♥ ♥ ♥ ♡ ♡

Sie sind komplementäre Gegensätze. Zwillinge werden dem Schützen immer gern etwas Neues beibringen, und der Schütze wird darauf hören und ihre ausgefallenen Ideen in die Tat umsetzen.

+ KREBS
♥ ♥ ♥ ♥ ♥ ♥ ♡ ♡ ♡ ♡

Die freimütige Ehrlichkeit des Schützen kann den sensiblen Krebs verletzen. Außerdem findet der Krebs, dass der geliebte Partner eine Zuflucht sein sollte, während der Schütze die Liebe offener und weniger ernsthaft sieht.

+ LÖWE
♥ ♥ ♥ ♥ ♥ ♥ ♥ ♥ ♡ ♡

Eine sehr gute Kombination. Beide führen gern ein gutes Leben und passen auch in sexueller Hinsicht zusammen. Probleme können durch Eifersucht entstehen, da der Löwe viel Aufmerksamkeit braucht.

+ JUNGFRAU
♥ ♥ ♥ ♥ ♥ ♥ ♡ ♡ ♡ ♡

Die gut organisierte, praktische und selbstbewusste Jungfrau kann mit der Unordnung des Schützen kollidieren. Letzterer empfindet die Jungfrau schnell als etwas langweilig und eintönig.

+WAAGE
♥ ♥ ♥ ♥ ♥ ♥ ♥ ♡ ♡ ♡

Die Waage braucht einen ausgeglichenen und sicheren Partner, der aber auch ihren Freiraum respektiert. Der Schütze bietet der Waage nur Letzteres und kann sie als zu sensibel empfinden.

+SKORPION
♥ ♥ ♥ ♥ ♥ ♥ ♥ ♡ ♡ ♡

Sie können eine schöne Zeit miteinander verbringen, werden dabei aber nur schwer über das Körperliche hinauskommen, da der Skorpion ein großes Bedürfnis nach Intimität hat.

Zentauren

Der Ursprung des Sternbildes Schütze liegt bei den Zentauren. Das sind mythologische Wesen: halb Pferd, halb Mensch. Im Schütze-Sternbild wird der Zentaur mit einem schussbereiten Bogen abgebildet, der die Tatkraft und den Schwung des Schützen symbolisiert. Allerdings besteht keine Einigkeit darüber, dass das Sternbild Schütze tatsächlich einen Zentauren darstellt, obwohl dieses Bild in die kollektive Vorstellung eingegangen ist.

In den antiken Mythen wird kein Zentaur erwähnt, der Pfeile schießt. Daher glaubt man, dass das Sternbild in Wirklichkeit den Satyr Krotos darstellt. Ein Satyr ist ein anderes mythologisches Wesen, das dem Zentauren ähnlich ist: halb Bock und halb Mensch. Satyrn leben bei den Musen und sind fröhlich und gesprächig, ein Bild, das besser zum Archetypus des Schützen passt, da Zentauren eher geheimnisvoll, imposant und nicht sehr kommunikativ sind. Krotos war einer der Satyrn, die unter den Musen lebten. Ihm werden in der griechischen Mythologie zwei Erfindungen zugeschrieben: der Applaus und das Bogenschießen (obwohl sie in anderen Mythen anderen Göttern und Kreaturen zugeschrieben werden).

Daher ist es denkbar, dass der Ursprung des Sternbilds eher auf einen Satyr als auf einen Zentauren zurückgeht. Andererseits glauben manche Menschen, dass das Sternbild den Zentauren Cheiron darstellt (nicht zu verwechseln mit dem Planetoiden Chiron, einem Himmelskörper von astrologischer Relevanz zweiten Grades, auf den wir später noch eingehen werden). Der Zentaur Cheiron war der Sohn von Kronos (Gott der Zeit und Vater von Zeus, Poseidon, Hades, Hestia, Demeter und Hera) und Philyra (einer Wassernymphe). Zentauren waren dafür bekannt, immer schlecht gelaunt zu sein, nichts mit Menschen zu tun haben zu wollen und furchtbar grob und unsensibel zu sein. Cheiron war jedoch ein gebildeter, ruhiger Zentaur, beherrschte viele Künste wie beispielsweise Musik und Jagd und unterrichtete einige der bekanntesten griechischen Helden.

Der Ursprung der Zentauren

Wie bei den meisten Mythen gibt es auch für den Ursprung der Zentauren mehrere Erklärungen. In einer Version sind sie Nachkommen von Kentauros (Sohn von Ixion, dem König von Thessalien, und der Wolke Nephele) und den Stuten Magnesias.

Zentauren symbolisieren in der griechischen Mythologie die Brutalität der Menschen und unzivilisiertes Verhalten. Die mythischen Kämpfe zwischen Menschen und Zentauren werden als Kentauromachie bezeichnet und sind eine metaphorische Erklärung dafür, wie Vernunft, Kultur und Gesetz die rohe Gewalt besiegen – diese Botschaft vermitteln in ähnlicher Weise auch die Mythen über die Titanen.

Die Zentauren Cheiron und Phólos stehen jedoch auf der Seite der Menschen und verteidigen die Zivilisation, Kunst und Kultur. Und in der Astrologie ist Cheiron der Namensgeber für den Himmelskörper Chiron, den wir in den folgenden Kapiteln noch näher erkunden werden (siehe S. 124).

Schütze-Phase

19. Dezember

25. Dezember

Steinbock-Phase

Skorpion ♏
Wasser ▽
fest
negativ

Schütze ♐
Feuer △
beweglich
positiv

Steinbock ♑
Erde
kardinal
negativ

Wassermann ♒
Luft △
fest
positiv

DER SCHÜTZE-STEINBOCK-SCHEITELPUNKT

19. Dezember – 25. Dezember

Scheitelpunkte sind die Tage unmittelbar vor und nach dem astrologischen Sternzeichenwechsel. Menschen, die an diesen Tagen geboren sind, können sich mit Eigenschaften des früheren und des späteren Zeichens identifizieren. Je nach ihrem übrigen Geburtshoroskop fühlen sie sich entweder ihrem Sonnenzeichen oder dem darauffolgenden Zeichen zugehörig.

Menschen, die auf diesem Scheitelpunkt geboren sind, besitzen den starken Wunsch des Schützen, zu lernen und zu experimentieren, kombiniert mit dem Ehrgeiz und Fleiß des Steinbocks. Die verschwenderische, verrückte Seite des Schützen wird durch die Zurückhaltung und Selbstbeherrschung des Steinbocks ausgeglichen, sodass diese Scheitelkinder viel Energie haben und neugierig sind, sich aber immer auf das Praktische konzentrieren.

Sie sind allerdings auch ungeduldig, können andere Menschen, die langsamer oder weniger intelligent sind als sie selbst, nicht vertragen und explodieren schnell, wenn sie nicht fast sofort das bekommen, was sie wollen.

Steinbock

22. Dezember – 20. Januar

Herrscherplanet:
Saturn

Element: Erde

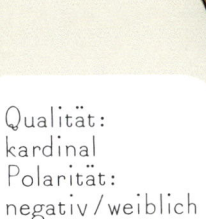

Qualität:
kardinal
Polarität:
negativ/weiblich

Zehntes Haus:
Stellung in der
Gesellschaft,
Status, Berufung

Der Steinbock ist das ehrgeizigste und entschlossenste Erdzeichen. Er sucht nach Stabilität im Leben. Für ihn ist es wichtig, einen guten Job zu bekommen und gute Beziehungen zu pflegen, um diese Stabilität zu erreichen. Heißt das, dass er kalt und berechnend ist? Ja und nein. Er ist nicht kalt, sondern hat eine leicht ironische und zynische Persönlichkeit, was nicht jeder mag. Steinböcke neigen zu emotionaler Verschlossenheit; nicht, weil sie keine Gefühle haben, sondern weil sie alles so stark empfinden, dass sie nicht verletzt werden wollen. Um ihr Vertrauen zu gewinnen, muss man ihnen seine Gefühle durch Taten zeigen, die mehr sagen als Worte. Steinböcke sind sehr anspruchsvoll, aber auch sehr großzügig. Status ist für sie wichtig. Sie sind keine sozialen Aufsteiger, ziehen es aber vor, mit Menschen in Kontakt zu kommen, die genauso starke, fleißige und engagierte Persönlichkeiten sind wie sie selbst.

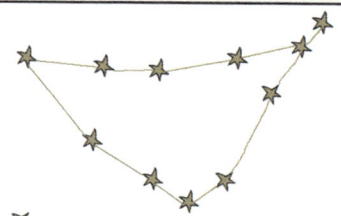

STEINBOCK
Erdzeichen, kardinal und weiblich
22. Dezember – 20. Januar

Stärken: Sie sind beständig, ehrgeizig, ehrlich, loyal, selbstbewusst, vertrauenswürdig, realistisch, hartnäckig, ausdauernd, entscheidungsfreudig und haben einen guten Instinkt für Geschäfte.
Schwächen: Sie sind egoistisch, kalt, unzufrieden, melancholisch, stolz, unflexibel, schüchtern, apathisch, kontrollsüchtig, zwanghaft und materialistisch.

Sternbild

Der Steinbock liegt im Tierkreis zwischen dem Schützen und dem Wassermann. Andere in der Nähe gelegene Sternbilder sind Adler, Mikroskop und der Südliche Fisch (siehe die Sternkarten auf S. 12-13).

Der Steinbock ist ein mittelgroßes Sternbild. Obwohl es nicht zu den ältesten gehört, wurde es bereits im 2. Jahrhundert n. Chr. als eines der wichtigsten Sternbilder und als Tierkreiszeichen erwähnt. Es ist ein lichtschwaches Sternbild. Der Stern, der am meisten auffällt, ist Deneb Algedi, was auf Arabisch »Ziegenschwanz« bedeutet.

Der Herrscherplanet des Steinbocks: Saturn

Wie du in »Die astrologischen Planeten« (ab S. 91) sehen wirst, ist Saturn der Herrscherplanet des Steinbocks. Kennst du das Gemälde »Saturn verschlingt seinen Sohn« von Francisco de Goya? Bei den Römern ist Saturn (oder Kronos bei den Griechen) der Vater vieler der bekanntesten Götter (Zeus, Poseidon, Hestia, Demeter, Hera und Hades) sowie von einigen der bekanntesten mythologischen Figuren, wie Aphros, Bythos und Cheiron. Bekannt ist der Mythos, dass er seine Kinder verschlingt, um seine Macht nicht zu verlieren – auch wenn er am Ende von Gaia und Zeus besiegt wird. Saturns Herrschaft im Steinbock manifestiert sich in Themen, die mit Macht, Status, selbstausbeutendem Verhalten, Arbeit, einschränkenden Regeln und Gesetzen, Struktur und Gleichgültigkeit zu tun haben.

Steinbock hat den Mond im Exil, Mars erhöht und Jupiter im Fall. Das wird im nächsten Kapitel erklärt (ab S. 91).

Wie man mit der Steinbock-Energie umgeht

Die Steinbock-Energie steht in engem Zusammenhang mit Ehrgeiz, Hartnäckigkeit, dem Überwinden von Schwierigkeiten und dem Erreichen von Zielen, sodass alles, was mit Anstrengung und Engagement zu tun hat, diesem Sternzeichen praktisch von selbst zufließt. Dennoch kann das Leben für Steinböcke wie eine Bergbesteigung sein: ein ständiges Bemühen, voranzukommen, zu wachsen und sich und anderen zu beweisen, wozu sie fähig sind. Dabei vergessen sie vielleicht, dass das Leben auch eine leichtere und angenehme Seite hat. In der starren Dynamik der Steinböcke gibt es einen kleinen Zwiespalt: Sie wollen die Kontrolle nicht verlieren, haben aber leicht das Gefühl, dass ihnen die Zügel entgleiten, und überlassen Situationen dem Schicksal (sie sind ziemlich pessimistisch). Um dies zu verhindern, ist es wichtig, dass Steinböcke etwas Spaß und soziale Aktivitäten in ihren Alltag einbauen, ohne sich selbst deshalb aufzugeben. Sie könnten zum Beispiel einen Termin (Tag und Uhrzeit) festlegen, an dem sie sich mit Freunden unterhalten, oder einen Vormittag mit der Familie verbringen – es geht darum, solche Interaktionen in ihren Alltag zu integrieren.

Amulette für den Steinbock

Steinböcke sollten Amulette tragen, die ihnen helfen, ihre Ziele zu erreichen, aber auch ihre emotionale Seite auszugleichen und ihre Gefühle und Wünsche zur Entfaltung zu bringen. Das hilft ihnen, zu bekommen, was sie wollen, und macht sie ausgeglichener.

Names	Art des Amuletts		Zweck
Onyx	Schwarzer (Halbedel-)Stein		Verleiht seinem Träger Zuversicht, Stärke und Ausdauer.
Hämatit	Grauer (Halbedel-)Stein		Vertreibt schlechte Energien, stärkt den Optimismus und schafft ein Gleichgewicht zwischen dem Geistigen und dem Körperlichen.
Rauchquarz	Roter (Halbedel-)Stein		Stärkt Konzentration und Gedächtnis, begünstigt alle geistigen Prozesse.
Granat	Dunkelroter (Halbedel-)Stein		Verleiht Mut und Stärke. Wenn alles verloren scheint, hilft der Granat dem Steinbock, die Hoffnung nicht zu verlieren.
Veilchen	Blume		Leuchtende Blütenfarben mit weichen Blütenblättern; zart, aber stark.
Grau	Farbe		Neutral, solide, funktionell, praktisch. Steht für Intelligenz und für das Gleichgewicht und die Ernsthaftigkeit, die für den Steinbock charakteristisch sind.

Zugehörige Tarotkarte: Der Teufel

Jedem Zeichen ist eine Tarotkarte zugeordnet, die einige seiner Eigenschaften symbolisiert. Beim Steinbock ist es Der Teufel – nicht weil Steinböcke böse sind, sondern weil die Karte symbolisiert, dass sie sich die Ketten, die sie tragen, meist selbst auferlegt haben. Der Steinbock leidet oft unter seinem Wunsch, alles zu erreichen, und diese Karte lehrt uns, dass wir die Macht haben, uns von den meisten Fesseln zu befreien.

Berühmte Steinböcke: David Bowie, Michelle Obama, Kate Moss und Bradley Cooper

15 DER TEUFEL 15

Ritual für Steinböcke, um Schutz und Gelassenheit zu erbitten

Du brauchst:

- Sandelholz-Räucherstäbchen
- Streichhölzer
- violetter Amethyst (ungeschliffen)
- Lindenblütentee

Durchführung:

Zünde an einem sicheren Ort in einem gut belüfteten Raum das Sandelholz-Räucherstäbchen an, lege den Amethyst rechts daneben und bereite den Tee zu. Sprich den folgenden Satz siebenmal: »Ich möchte so ruhig wie möglich sein, um meine Ziele zu erreichen. Ich bin stark und belastbar«, und trinke deinen Tee, während das Räucherstäbchen vollständig herunterbrennt.

Steinbock-Kompatibilitäten

Denke daran, neben dem Sonnenzeichen auch dein Mond-, Venus- und Marszeichen zu überprüfen.

+ STEINBOCK
♥♥♥♥♥ ♥♥♥♥♥

Sie können ein großartiges Paar sein, da sie beide zielstrebig sind und gemeinsame Ziele und Ambitionen haben. Sie suchen Sicherheit und Stabilität.

+ WASSERMANN
♥♥♥♥♥ ♥♥♥♥♥

Beide sind rational, aber individualistisch. Der Wassermann ist geselliger und hat verrücktere Ideen, was den Steinbock verunsichern und seine kontroll- und eifersüchtige Seite zum Vorschein bringen kann.

+ FISCHE
♥♥♥♥♥ ♥♥♥♥♥

Fische fühlen sich bei Steinböcken sicher. Der Steinbock kann ihre verträumtesten und kreativsten Seiten zum Vorschein bringen. Die beiden Zeichen stärken sich gegenseitig und helfen einander.

+ WIDDER
♥♥♥♥♥ ♥♥♥♥♥

Beide haben starke Persönlichkeiten, sind aber sehr unterschiedlich. Zwischen ihnen kann ein intensiver Wettbewerb entstehen. Der Steinbock empfindet den Widder als irrational, oberflächlich und leichtsinnig.

+ STIER
♥♥♥♥♥ ♥♥♥♥♥

Sie sind beide Erdzeichen, und ihre Grundenergien sind kompatibel. Außerdem wachsen sie an ihren Unterschieden: Der Steinbock kann durch den Stier lernen, mehr zu genießen, und der Stier kann lernen, ehrgeiziger zu sein.

+ ZWILLINGE
♥♥♥♥♥ ♥♥♥♥♥

Obwohl die Ideen und Interessen der Zwillinge den Steinbock sehr faszinieren, kann seine Ruhelosigkeit und seine eher zwanglose Vorstellung von Beziehungen ziemlich beunruhigend sein.

+ KREBS
♥♥♥♥♥ ♥♥♥♥♥

Zwei komplementäre Gegensätze: Der Krebs bringt das Häusliche und Mütterliche mit, der Steinbock das Materielle. Diese Zeichen ergänzen sich gegenseitig, sodass beide sich sicher und zu Hause fühlen.

+ LÖWE
♥♥♥♥♥ ♥♥♥♥♥

Der Steinbock lässt sich nicht von oberflächlichem Charme und Schmeicheleien mitreißen, aber beim Löwen könnte er eine Ausnahme machen, wenn da nicht die Eifersucht des Steinbocks wäre – Löwen sind sehr flirtfreudig.

+ JUNGFRAU
♥♥♥♥♥ ♥♥♥♥♥

Eines der besten Paare des Tierkreises. Sie beflügeln sich gegenseitig mit ihrer Selbstsicherheit. Die akribische Jungfrau und der entschlossene Steinbock können ein Paar werden, das nicht zu stoppen ist.

+ WAAGE
♥♥♥♥♥ ♥♥♥♥♥

Als Luftzeichen findet die Waage den Steinbock zu dogmatisch und unflexibel. Umgekehrt kann sie den Steinbock mit ihren wechselnden Meinungen und ihrer Sensibilität auf die Palme bringen.

+ SKORPION
♥♥♥♥♥ ♥♥♥♥♥

Eines der besten Paare des Tierkreises. Beide brauchen viel Stabilität und Intimität und sind etwas besitzergreifend, sodass sie eine tiefe und bereichernde Beziehung entwickeln können.

+ SCHÜTZE
♥♥♥♥♥ ♥♥♥♥♥

Eine komplizierte Kombination. Der Schütze genießt das Leben und liebt es, neue Dinge zu entdecken. Der Steinbock ist eher traditionsbewusst und missbilligt die Verschwendungssucht des Schützen.

Die Metamorphose des Pan

Es gibt mehrere Mythen über den Ursprung des Sternbildes Steinbock.

Der erste findet sich in der Titanomachie, dem legendären Krieg zwischen Göttern und Titanen, in dem die Titanen versuchten, die Macht von Zeus und den übrigen Göttern an sich zu reißen, um Chaos und Zerstörung zu stiften. Der Halbgott Pan, der von Bauern und Viehzüchtern verehrt wurde, war ein Satyr – halb Ziege und halb Mensch. Er lebte mit den Musen zusammen und liebte es, sie zu necken und zu jagen.

Der Titan Typhon machte sich auf, um alle Götter zu vernichten, und entfachte den Krieg zwischen Titanen und Göttern. In dem daraus resultierenden Chaos versuchte Pan zu fliehen, um Hermes zu warnen, damit dieser wiederum Zeus warnen konnte. Pan sprang in einen Fluss, um sich in einen Fisch zu verwandeln und schnell loszuschwimmen, aber die Verwandlung ging schief, sodass er zu einer Kreuzung aus Ziege und Fisch wurde. Pans Warnung kam zu spät, denn Typhon hatte Zeus bereits verstümmelt. Daher setzten Hermes und Pan Zeus' Teile wieder zusammen, damit er in den Krieg ziehen konnte. Aus Dankbarkeit erhob Zeus Pan zu einem Sternbild.

Eine zweite Geschichte über die Entstehung des Sternbilds bezieht sich auf das Füllhorn oder den Kelch des Überflusses. Rhea versteckte Zeus, damit ihr Vater Kronos ihn nicht verschlingen konnte (wie er es mit den anderen Kindern getan hatte, weil Kronos Angst hatte, dass sie heranwachsen und ihm die Macht entreißen würden). Zeus wuchs auf Kreta bei der Nymphe Amaltheia auf, einer Frau mit großen goldenen Hörnern auf dem Kopf, die denen eines Widders glichen. Eines Tages brach eines von Amaltheias Hörnern ab, und sie füllte es mit Früchten, Blumen und Süßigkeiten und schenkte es Zeus. Aus Dankbarkeit schuf er das Sternbild Steinbock..

Steinbock-Symbolik in der Astrologie

Der Charakter dieses Sternbilds wurde in seiner mythischen Darstellung sehr gut eingefangen. Im Steinbock finden wir eine Dualität: Die Ziege symbolisiert den Wunsch des Steinbocks, immer höher aufzusteigen, zäh, stark und ausdauernd zu sein wie die Bergziegen, die raues Wetter und ein Leben in der Wildnis ertragen. Der Fischschwanz symbolisiert das Emotionale und verbindet den Steinbock mit dem Wasser. Dieses Zeichen ist ein Symbol dafür, wie wir die Stärke und Sicherheit der Erde durch unsere emotionale Seite finden können. Wasser nährt die Erde, während Emotionen den Geist nähren. Die emotionale Seite auszuschalten hieße, unsere intellektuelle Seite zu unterdrücken. Um Ihre Emotionen zu leben, müssen Steinböcke sich in einem Zustand der Harmonie befinden und genügend Zeit mit anderen Menschen verbringen. Diese Lektion muss der Steinbock im Lauf seines Lebens lernen, denn er neigt dazu, seine Emotionalität zu vernachlässigen, um nicht zu leiden. Für Steinböcke ist es schwierig zu verstehen, dass das Leben kein Hindernislauf sein muss. Sie können sich vom Wasser oder von den Emotionen und der Gesellschaft anderer Menschen nähren lassen und so ihr wahres Potenzial entfalten. Menschen, die in ihrem Geburtshoroskop viel Energie im Zeichen Steinbock oder im zehnten Haus haben, stoßen im Lauf ihres Lebens immer wieder auf solche Dilemmata, vor allem in der Pubertät.

DER STEINBOCK-WASSERMANN-SCHEITELPUNKT

17. Januar – 25. Januar

Scheitelpunkte sind die Tage unmittelbar vor und nach dem astrologischen Sternzeichenwechsel. Menschen, die an diesen Tagen geboren sind, können sich mit Eigenschaften des früheren und des späteren Zeichens identifizieren. Je nach ihrem übrigen Geburtshoroskop fühlen sie sich entweder ihrem Sonnenzeichen oder dem darauffolgenden Zeichen zugehörig.

Diese Scheitelkinder haben innovative Wassermann-Ideen und die Entschlossenheit und Beharrlichkeit des Steinbocks, um sie zu verwirklichen. Sie sind taktisch denkende Menschen, die zu Extremen neigen, da sich bei ihnen die Ernsthaftigkeit und Zuversicht der Erde mit den Winden des Wandels, der Rebellion und Revolution des Elements Luft verbinden. Sie sind in ihren Ideen verhaftet; Einfühlungsvermögen ist vielleicht nicht ihre Stärke.

Sie empfinden es als unangenehm, wenn man ihnen widerspricht, und können sich diktatorisch verhalten. Beziehungen nehmen sie nicht auf die leichte Schulter, deshalb müssen sie sich ihrer Sache schon sehr sicher sein, bevor sie sich an jemanden binden – eine Beziehung ist normalerweise nicht ihre oberste Priorität.

Wassermann

21. Januar – 18. Februar

Herrscherplanet:
Uranus

Element: Luft

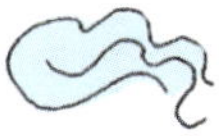

Qualität: fest
Polarität:
positiv / männlich

Elftes Haus:
Philanthropie,
höhere Ziele,
Gemeinschaft und
Gemeinwesen

Der Wassermann ist ein innovatives, grenzüberschreitendes und originelles Zeichen, aber auch ungeheuer rational und unabhängig. Wassermänner sind stolz darauf, das schwarze Schaf zu sein und eine starke Persönlichkeit zu haben. Sie sind die Ersten, die Trends folgen oder sie schaffen. Dennoch setzen sie mehr auf das kollektive Wohl als auf das des Einzelnen, sind also wahrscheinlich die Ersten, die sich einer politischen Bewegung, NGO (Non-governmental organization) oder Gewerkschaft anschließen. Wenn es aber darum geht, bestimmten Menschen zu helfen oder unguten Situationen abzuhelfen, können sie individualistisch sein. Sie sind eigenständig und distanziert, und ihre Einstellung zu einem Problem lautet: »Wenn ich das allein schaffe, kannst du es auch.« Sie sind entscheidungsfreudig und brauchen Zeit für sich, obwohl sie paradoxerweise auch sehr gesellig und kontaktfreudig sind. Ihre Unabhängigkeit wird oft mit einem Mangel an Empathie oder Gefühlen verwechselt, aber in Wirklichkeit haben sie tiefe Gefühle und hohe Werte.

WASSERMANN
Luftzeichen, fest und männlich
21. Januar – 18. Februar

Stärken: Sie sind innovativ, rebellisch, originell, rational, entschlossen, analytisch, philanthropisch, tolerant, ausdauernd, kreativ, und es macht Spaß, mit ihnen zusammen zu sein.
Schwächen: Sie sind kapriziös, opportunistisch, trotzig, egoistisch, exzentrisch, widersprüchlich, radikal, unbeständig, kompliziert und wirken irritierend auf ihre Mitmenschen.

Sternbild

Der Wassermann ist eines der größten Sternbilder im Tierkreis. Er befindet sich in dem Teil des Himmels, der als Meer bezeichnet wird, weil er mehrere Sternbilder enthält, die mit Wasser zu tun haben: Walfisch, Delfin, Fische und Eridanus (siehe die Sternkarten auf S. 12–13). Sein hellster Stern ist Sadalsuud.

Der Herrscherplanet des Wassermanns: Uranus und Saturn

Wie du in »Die astrologischen Planeten« (ab S. 91) sehen wirst, ist Uranus der Herrscherplanet des Wassermanns. Uranus regiert alles, was mit Rebellion, Kunst, Innovation, Originalität und einzigartigen Ideen zu tun hat. Er wird auch mit Fortschritt, Technologie, Idealen und dem Aufbrechen von Strukturen assoziiert. Daher ist der Wassermann das rebellischste, originellste Zeichen des gesamten Tierkreises.

    In der Mythologie repräsentierte Uranus den Himmel und war der Ehemann von Gaia, der Göttin der Erde. Er war einer der Urtitanen, Vater vieler bedeutender Titanen und Götter, einschließlich des bereits erwähnten Kronos, der wiederum Vater wichtiger Götter war. Der zweite Herrscher des Wassermanns ist Saturn; er verleiht ihm ähnliche Eigenschaften wie dem Sternzeichen Steinbock (rational, sicher und strukturiert).

    Der Wassermann hat die Sonne im Exil, Pluto erhöht und Neptun im Fall. Das wird ab S. 94 erklärt.

Wie man mit der Wassermann-Energie umgeht

Der Wassermann ist eines der kompliziertesten, wenn nicht sogar das komplizierteste und widersprüchlichste Sternzeichen. Er ist innovativ, originell und rebellisch, aber auch rational und praxisorientiert. Wassermann-Geborene haben ihre größten Schwierigkeiten oft im emotionalen Bereich. Sie sind sehr distanziert und brauchen einen Partner, der ihren Freiraum und ihre Unabhängigkeit respektiert. Andererseits sind sie gesellig, sympathisch und freundlich, auch wenn sie Zeiten der Einsamkeit brauchen.

    Wassermänner müssen ihren Sinn für Empathie entwickeln. Obwohl sie sich über Themen wie Gleichberechtigung oder soziale Gerechtigkeit Gedanken machen, können sie rücksichtslos über die Gefühle anderer Menschen hinweggehen. Sie rationalisieren ihre Emotionen, weshalb es ihnen schwerfällt, gefühlsbetonte Menschen zu verstehen. Im Inneren sehnt sich der Wassermann nach Stabilität, weshalb er befürchtet, dass andere Menschen ihn aus dem Gleichgewicht bringen könnten. Wenn er mit jemandem intim ist, kann er ohne ersichtlichen Grund kalt und distanziert werden, was aber daran liegt, dass er Angst davor hat, verletzlich zu sein.

Amulette für den Wassermann

Die geeignetsten Amulette für den Wassermann verbinden ihn mit seiner emotionalen Natur und werden mit Elementen und Themen aus dem auf S. 83 beschriebenen Mythos assoziiert.

Name	Art des Amuletts	Zweck
Türkis	Blaugrüner (Halb-edel-)Stein	Der Glücksbringer des Wassermanns. Am wirksamsten in seiner Rohform.
Saphir	Blauer Edelstein	Bringt Gelassenheit und Ruhe bei Ent-scheidungen.
Böser Blick	Blauer Kristall	Schützt vor Neid und negativen Gefüh-len von Feinden oder falschen Freun-den.
Schwarzer Turmalin	Schwarzer (Halbedel-)Stein	Bringt Klarheit. Hilft dem Wassermann, sich auf ein bestimmtes Ziel zu konzent-rieren.
Orchidee	Blume	Symbolisiert Charakterstärke und Ori-ginalität.
Türkis	Farbe	Steht über seinen Herrscherplaneten Ura-nus in Beziehung zum Wassermann. Wird mit Kreativität, dem Globalen und Kollek-tiven assoziiert. Der Regenbogen steht ebenfalls mit dem Wassermann in Verbin-dung.

Zugehörige Tarotkarte: Der Stern

Jedem Zeichen ist eine Tarotkarte zugeordnet, die einige seiner Eigenschaften symbolisiert. Beim Wassermann ist es Der Stern, denn sowohl der Wassermann als auch das elfte Haus haben mit der Überwindung des Materiellen und der Hingabe an das Kollektiv – mit Einfluss auf die Gesellschaft – zu tun. Andere Karten, die ebenfalls mit dem Wassermann in Verbindung gebracht werden, sind der Magier (eine originelle Person) oder der Narr.

Berühmte Wassermänner: Wolfgang Amadeus Mozart, James Dean, Cristiano Ronaldo, Shakira und Paris Hilton

17 DER STERN 17

Ritual für Wassermänner zur Überwindung von Nervosität und Unentschlossenheit

Du brauchst:

- Acrylfarbe in verschiedenen Farben
- 6 Natursteine
- Pinsel
- Holzkiste mit Glasdeckel

Durchführung:

Bemale die Steine bei Vollmond und lasse dich dabei von deiner Intuition leiten. Lasse sie trocknen und lege sie dann in die Holzkiste. Bewahre die Kiste an einem dunklen Ort auf. Wenn du nervös oder unentschlossen bist, nimm sie heraus, betrachte die Steine und atme dabei tief durch. Das hilft dir, dich mit dir selbst zu verbinden und Sorgen zu vertreiben.

Wassermann-Kompatibilitäten

Denke daran, neben dem Sonnenzeichen auch dein Mond-, Venus- und Marszeichen zu überprüfen.

+ WASSERMANN
♥ ♥ ♥ ♥ ♥ ♥ ♥ ♥

Ein fantastisches Paar. Beide lieben ihre Freiheit und sind kreativ und originell. Die Verbindung von zwei Wassermännern ist zweifellos eine großartige Kombination.

+ FISCHE
♥ ♥ ♥ ♥ ♥ ♥ ♥ ♥

Fische brauchen die völlige Verschmelzung: Sie sind idealistisch, glauben an die Liebe und zeigen ihre Gefühle. Wassermänner können Fische mit ihrer kalten Art verletzen. Es kann jedoch eine gegenseitige Anziehungskraft bestehen.

+ WIDDER
♥ ♥ ♥ ♥ ♥ ♥ ♥ ♥

Diese Zeichen fühlen sich stark zueinander hingezogen. Sie sind gesellig, dynamisch und etwas leichtsinnig. Daraus kann eine leidenschaftliche Beziehung werden, aber wütende Widder können den Wassermann überwältigen.

+ STIER
♥ ♥ ♥ ♥ ♥ ♥ ♥ ♥ ♥ ♥

Obwohl die Stabilität des Stiers für den Wassermann attraktiv sein kann, findet der Stier ihn zu exzentrisch. Der Wassermann kann sich von der Aufmerksamkeit des Stiers überfordert fühlen.

+ ZWILLINGE
♥ ♥ ♥ ♥ ♥ ♥ ♥ ♥ ♥ ♥

Ein sehr gutes Paar. Beide Zeichen sind dynamisch, gesellig und kontaktfreudig. Sie lieben ihre Unabhängigkeit, finden sich aber gegenseitig faszinierend. Beide gehen eher locker mit Beziehungen um.

+ KREBS
♥ ♥ ♥ ♥ ♥ ♥ ♥ ♥ ♥ ♥

Der Krebs leidet unter Stimmungsschwankungen, ist gefühlsbetont und ziemlich dramatisch – eine Mischung, die den Wassermann zur Weißglut treiben kann. Es erfordert einiges an Anstrengung, damit das funktioniert.

+ LÖWE
♥ ♥ ♥ ♥ ♥ ♥ ♥ ♥ ♥

Sie ergänzen sich wunderbar. Der Löwe sorgt für Kreativität und Individualismus; der Wassermann bringt eine eher globale Vision mit. Sie haben viel Spaß miteinander. Ein Problem könnte auf lange Sicht die Eifersucht des Löwen sein.

+ JUNGFRAU
♥ ♥ ♥ ♥ ♥ ♥ ♥ ♥ ♥

Beide denken sehr analytisch und rational, aber während der Wassermann einen schnellen und wendigen Verstand hat, setzt die Jungfrau mehr auf Beständigkeit und Fortschritt. Sie brauchen Geduld, damit es funktioniert.

+ WAAGE
♥ ♥ ♥ ♥ ♥ ♥ ♥ ♥ ♥

Die Waage ist etwas sentimentaler und unentschlossener. Der Wassermann lässt sich nicht so schnell überwältigen, und das ständige Auf und Ab der Waage kann dazu führen, dass er das Interesse an der Beziehung verliert.

+ SKORPION
♥ ♥ ♥ ♥ ♥ ♥ ♥ ♥ ♥

Einzigartig und geheimnisvoll, braucht der Skorpion viel emotionale Intensität. Das macht dem Wassermann Angst.

+ SCHÜTZE
♥ ♥ ♥ ♥ ♥ ♥ ♥ ♥ ♥ ♥

Sie sind unabhängige Freigeister, die alles Neue und Unerwartete entdecken wollen. Aber die Verantwortungslosigkeit des Schützen kann dem Wassermann gehörig auf die Nerven gehen.

+ STEINBOCK
♥ ♥ ♥ ♥ ♥ ♥ ♥ ♥ ♥

Obwohl der Steinbock rational und individualistisch ist, braucht er viel Stabilität und Verbindlichkeit und ist etwas eifersüchtig – Eigenschaften, die der Wassermann als langweilig empfindet.

Ganymed, der Mundschenk der Götter

Das Sternbild Wassermann wurde von vielen Zivilisationen, zum Beispiel den Ägyptern, Sumerern und Griechen, am Himmel beobachtet. Sie alle sahen in diesem Sternbild einen Wasserträger oder ein Gefäß, das Wasser ausschenkt. Für die Ägypter stellte es den Anstieg des Wasserspiegels des Nils und den Ursprung des Lebens dar; die Sumerer erkannten darin den Gott und Ursprung des Lebens, An.

Im griechischen Mythos geht es um Gott Zeus und den charmanten Ganymed, den schönsten jungen Mann der Welt. Er war auch der Prinz von Troja, was keine Kleinigkeit war. Zeus fand natürlich Gefallen an dem jungen Mann. Als Ganymed eines Tages auf dem Feld war, entführte ihn ein Adler und nahm ihn mit auf den Berg Olymp. Zeus hatte die Gestalt des Vogels angenommen. Dort angekommen, wo die Götter lebten, betraute Zeus Ganymed mit der Aufgabe des Mundschenks für alle Götter. Um Ganymeds Vater für die Entführung seines einzigen geliebten Sohnes und Erben zu entschädigen, machte Zeus ihm viele Geschenke, darunter auch unsterbliche weiße Pferde. Als weitere Wiedergutmachung widmete Zeus Ganymed das Sternbild Wassermann, das ihn beim Ausschenken des Wassers aus einem Krug darstellt. Ganymed scheint mit seinem Leben als Mundschenk auf dem Olymp bei den Göttern zufrieden gewesen zu sein und wurde zu einem der treuesten Diener des Zeus.

Das Sternbild Wassermann wird von dem des Adlers begleitet (siehe die Sternkarten auf S. 12–13). Wieder einmal widmet Zeus dem Entführten hier ein Sternbild in Form des Tieres, in dessen Gestalt er ihn entführt hat (man denke an das Sternbild Stier und die Vergewaltigung von Europa, S. 29).

Wassermann-Symbolik in der Astrologie

Obwohl Wassermann ein Luftzeichen und Steinbock ein Erdzeichen ist, stehen beide indirekt mit dem Wasser in Verbindung. Während der Fischschwanz des Steinbocks symbolisiert, dass Wasser die Erde nährt und stärkt (Emotionen stärken die Logik, und die Vernunft trübt sie nicht), steht das Wasser im Sternzeichen Wassermann für Veränderung. Der Wasserträger des Sternbilds trägt ein Gefäß, aus dem Wasser auf die Erde fließt, sie umgestaltet, bewegt und verändert.

Dies symbolisiert einerseits die rebellische und ruhelose Natur des Wassermanns, seine dynamische Persönlichkeit und seine Affinität zur Revolution. Andererseits steht es für die bereits erwähnte Facette des Wassermanns: seine innere Unruhe. Er ist unabhängigkeitsliebend, strebt nach Innovation und nach Neuem, fühlt sich aber andererseits gefangen und im Stillstand. Es fällt ihm schwer, seinen Gefühlen freien Lauf zu lassen (wie Wasser in einem Gefäß), und eine Lektion, die er im Leben lernen muss, besteht darin, seine emotionale Seite zuzulassen (auf seine eigene Art), da er eher rational und praktisch veranlagt ist. Der Wassermann ist das vorletzte Zeichen des Tierkreises. Zusammen mit den Fischen steht er für emotionale Reife, ein Ziel, das für beide Zeichen aus verschiedenen Gründen schwer zu erreichen ist. Aber das Erreichen dieser Reife wird der Höhepunkt ihres Lebens sein und zur Akzeptanz dessen führen, was sie wirklich sind.

Wassermann-Phase

17. Februar

28. Februar

Fische-Phase

DER WASSERMANN-FISCHE-SCHEITELPUNKT

17. Februar – 23. Februar

Scheitelpunkte sind die Tage unmittelbar vor und nach dem astrologischen Sternzeichenwechsel. Menschen, die an diesen Tagen geboren sind, können sich mit Eigenschaften des früheren und des späteren Zeichens identifizieren. Je nach ihrem übrigen Geburtshoroskop fühlen sie sich entweder ihrem Sonnenzeichen oder dem darauffolgenden Zeichen zugehörig.

Das herausragendste Merkmal dieser Scheitelkinder ist der Wunsch, Menschen zu retten und ihnen zu helfen, sowohl individuell als auch kollektiv. Wassermann-Philanthropie trifft auf Fische-Einfühlungsvermögen und Fische-Emotionalität – so entstehen enorm engagierte und rücksichtsvolle Menschen. Sie sind in der Lage, sich und ihr Leben für eine größere Sache oder ein Kollektiv zu opfern, indem sie sich für humanitäre oder politische Themen engagieren, und sie hinterlassen einen tiefen Eindruck bei allen, denen sie begegnen. Andererseits können sie ihr Leben so sehr auf einen anderen Menschen ausrichten, dass sie bis zu einem gewissen Grad ihre eigene Identität verlieren.

Fische
19. Februar – 20. März

Herrscherplanet:
Neptun

Element: Wasser

Qualität:
beweglich
Polarität:
negativ/weiblich

Zwölftes Haus:
Innenschau, das
Unsichtbare und
Ungreifbare

Fische sind das kreativste, sensibelste und träumerischste Sternzeichen
des Tierkreises. Die Sensibilität der Fische hat mit der Welt der Träume,
des Unterbewusstseins, der Fantasie, Kunst und Spiritualität in ihrem
ätherischsten Aspekt zu tun. Fische-Menschen sind normalerweise
sensibel, lieb, naiv und einfühlsam, aber dieser gefühlsbetonte Charakter
kann auch zu persönlicher Instabilität führen, wenn sie keine anderen
Energien in ihrem Horoskop haben. Sie können schwer fassbare
Persönlichkeiten sein und sich für unfähig halten, Konflikte zu bewältigen,
obwohl sie paradoxerweise gleichzeitig optimistisch und fröhlich sind. Sie
sind Idealisten und verlieren sich leicht in luziden Träumen oder
Tagträumen. Sie neigen zu Faulheit und mangelndem Ehrgeiz, da sie
schüchtern sind und es ihnen an Entschlossenheit fehlt. Alle Fische haben
eine mehr oder weniger ausgeprägte künstlerische und verträumte Seite,
oder sie finden zumindest großen Trost und innere Ruhe in der Kunst, vor
allem in der Musik oder Poesie.

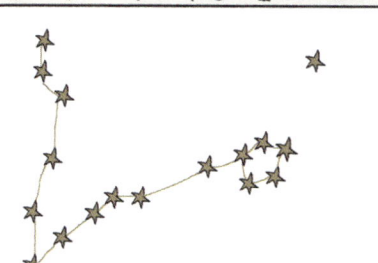  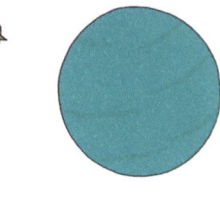

FISCHE
Wasserzeichen, beweglich und weiblich
19. Februar – 20. März

Stärken: Sie sind einfühlsam, idealistisch, verträumt, lieb, sensibel, intuitiv, künstlerisch begabt, optimistisch, vielseitig, geistreich und gute Zuhörer.
Schwächen: Sie sind zerstreut, unklar, emotional, launisch, unordentlich, chaotisch, schüchtern, ungepflegt und verwirrend.

Sternbild

Das Sternbild Fische liegt zwischen den Sternbildern Wassermann und Widder und ist das letzte Sternzeichen, das den Tierkreis schließt. Es ist ein großes Sternbild, seine Sterne leuchten allerdings nicht hell, sodass es nicht leicht zu erkennen ist.

Der Herrscherplanet der Fische: Neptun

Wie du in »Die astrologischen Planeten« (ab S. 91) sehen wirst, ist Neptun der Herrscherplanet der Fische. Neptun ist ein Gott der römischen Mythologie, vergleichbar mit Poseidon, dem griechischen König der Meere und Ozeane. Dieser Planet lädt uns dazu ein, tief in das Spirituelle und Mysteriöse einzutauchen (in der Astrologie steht Wasser für Emotionen, unsere sensible und intuitive Seite). Daher neigen Fische-Menschen zum Symbolischen, Künstlerischen, Intuitiven und Träumerischen. Aber mit diesen Qualitäten steht auch alles Unbewusste, Mystische und Verborgene in Verbindung.
Fische hat Merkur im Exil und im Fall und Venus erhöht. Das wird ab S. 91 erklärt.

Wie man mit der Fische-Energie umgeht

Die Fische-Energie beinhaltet das Subjektive, künstlerisches Schaffen und die Welt der Träume. Die größte Herausforderung für sie besteht darin, Ideen zu verwirklichen, ihre künstlerischen Impulse zu realisieren, sich aber nicht zu verrennen und nicht vor der Realität zu fliehen. Diese Problematik kann sich in Faulheit, Drogenmissbrauch oder abhängigen Beziehungen äußern. Um nicht in solche toxischen Situationen zu geraten, müssen Menschen mit einem hohen Fische-Anteil in ihrem Horoskop die Jungfrau-Fische-Achse aktivieren (siehe S. 18). Die Jungfrau ist das komplementäre Gegenstück zu den Fischen, bei der sich alles um die Schaffung von Routinen, um tägliche Arbeit und Selbstdisziplin dreht. Um das Beste aus sich herauszuholen, müssen Fische an ihrer komplementären Energie, der Jungfrau-Energie, arbeiten. Indem sie versuchen, bestimmte Regeln, Ordnung und Selbstkontrolle aufrechtzuerhalten, können Fische ihre Kreativität voll ausschöpfen und ihre gesamte emotionale Kapazität sowohl für sich selbst als auch für ihre Mitmenschen nutzen. Nach dem Vorbild der Jungfrau müssen Fische auch lernen, anderen Menschen Grenzen zu setzen, da sie dazu neigen, sich in anderen zu verlieren und sich selbst darüber zu vergessen. Wenn sie Grenzen setzen, können sie anderen Menschen helfen, ohne ihre eigene emotionale Integrität zu verlieren und sich zu sehr zu verausgaben.

Amulette für den Fisch

Fische sollten Amulette tragen, die ihnen helfen, emotional im Gleichgewicht zu bleiben, toxischen Kreisläufen aus dem Weg zu gehen und ihr Talent und ihre Kreativität optimal zu nutzen.

Name	Art des Amuletts		Zweck
Blauer Spitzenachat	Blauer (Halbedel-)Stein		Hilft, Schüchternheit zu überwinden, und verleiht dem Träger des Steins Ruhe und Gelassenheit.
Sodalith	Dunkelblauer (Halbedel-)Stein		Hilft, den Träger zu erden. Verbindet das Logische mit dem Intuitiven.
Aquamarin	Grünlich-blauer Edelstein		Fördert eine ruhige und ausgewogene Entscheidungsfindung.
Fischfigur	Gegenstand		Schmuckstücke in dieser Form bringen dem Fische-Geborenen Glück.
Dahlie	Blume		Symbolisiert Dankbarkeit und Einfühlungsvermögen.
Blau	Farbe		Wird mit dem Meer, den Emotionen und normalerweise auch mit den Fischen assoziiert, da diese eng mit dem Unterbewusstsein in Verbindung stehen.

Zugehörige Tarotkarte: Der Mond

Jedem Zeichen ist eine Tarotkarte zugeordnet, die einige seiner Eigenschaften symbolisiert. Der Mond ist zwar der Herrscherplanet des Krebses, aber als Tarotkarte wird er mit den Fischen assoziiert. Er verweist auf ihr gefühlsbetontes Wesen und die damit verbundenen Gefahren: Fische können aufgrund ihrer extremen Sensibilität und Fantasie von Trägheit und Traurigkeit heruntergezogen werden, wenn sie nicht lernen, ihre Gefühle in den Griff zu bekommen.

Berühmte Fische: Kurt Cobain, Bad Bunny, Rihanna, Gabriel García Márquez und Liza Minnelli

18   DER MOND   18

Ritual für Fische zur Förderung von Produktivität und Antrieb

Du brauchst:

- 1 Stück weißer Quarz
- Gefäß mit Erde
- Sandelholz-Räucherstäbchen
- Streichhölzer

Durchführung:

Vergrabe den Quarz bei Vollmond in dem Gefäß mit der Erde, zünde das Räucherstäbchen an und lasse das Ganze über Nacht im Mondlicht stehen. Sprich den Satz: »Möge der Mond diesen Kristall reinigen, möge die Erde ihn mit guten Absichten aufladen und möge der Atem dieses Räucherwerks ihm Kraft geben.« Nimm den Quarz aus der Erde, bevor die Sonne auf ihn trifft, und lege ihn an deinen Arbeitsplatz.

Fische-Kompatibilitäten

Denke daran, neben dem Sonnenzeichen auch dein
Mond-, Venus- und Marszeichen zu überprüfen.

+ FISCHE
♥ ♥ ♥ ♥ ♡ ♡ ♡ ♡ ♡ ♡

Zwei Fische zusammen ergeben perfekte emotionale Harmonie. Aber ihre Sensibilität kann zu einer chaotischen Beziehung führen, in der sie sich nicht weiterentwickeln können.

+ WIDDER
♥ ♥ ♥ ♥ ♥ ♥ ♡ ♡ ♡ ♡

Fische brauchen die völlige Verschmelzung mit dem geliebten Menschen; sie sind idealistisch, glauben an die Liebe und zeigen ihre Gefühle offen. Der Widder hingegen ist etwas schroff und kann Fische sowohl verletzen als auch überfordern.

+ STIER
♥ ♥ ♥ ♥ ♥ ♥ ♥ ♡ ♡ ♡

Fische bieten dem Stier das Verständnis und die Zärtlichkeit, die er braucht, und der Stier gibt den Fischen die emotionale Stabilität, die sie benötigen, um ruhig und gelassen zu sein und ihre Stärken auszuleben.

+ ZWILLINGE
♥ ♥ ♥ ♥ ♥ ♥ ♥ ♥ ♥ ♡

Wie der Wassermann ist auch der Zwilling unabhängig, aber die Energie des Zwillings ist viel anarchischer und kreativer. Deshalb haben Zwillinge mehr mit den Fischen gemeinsam.

+ KREBS
♥ ♥ ♥ ♥ ♥ ♥ ♥ ♥ ♡ ♡

Obwohl sie sich auf emotionaler und sexueller Ebene gut miteinander verstehen, neigen beide zu Gefühlsausbrüchen, sodass Dramen vorprogrammiert sind. Sie müssen lernen, geduldig zu sein.

+ LÖWE
♥ ♥ ♥ ♥ ♥ ♥ ♥ ♡ ♡ ♡

Sie können leidenschaftliche Momente erleben, aber die Egozentrik des Löwen kann den einfühlsamen Fisch emotional auslaugen. Komplizierte Kombination.

+ JUNGFRAU
♥ ♥ ♥ ♥ ♡ ♥ ♡ ♡ ♡ ♡

Sie gleichen sich gegenseitig wunderbar aus und sind komplementäre Gegensätze: Die Jungfrau kann den Fischen helfen, ihr volles Potenzial auszuschöpfen, indem sie ihrer Emotionalität ein wenig Struktur verleiht.

+ WAAGE
♥ ♥ ♥ ♥ ♥ ♡ ♡ ♡ ♡ ♡

Die Zweifel und die wechselnden Sichtweisen der Waage können Fische verunsichern und aus dem Gleichgewicht bringen. Dennoch sind beide Zeichen idealistisch und romantisch.

+ SKORPION
♥ ♥ ♥ ♥ ♥ ♥ ♡ ♡ ♡ ♡

Ihre Gefühlswelten sind tief, und sie können eine sinnvolle Beziehung zueinander aufbauen. Aber so viel Emotionalität kann sie auch leicht verzehren.

+ SCHÜTZE
♥ ♥ ♥ ♥ ♡ ♥ ♡ ♡ ♡ ♡

Sie lassen sich beide mitreißen und sind unbeständig. Der Schütze braucht viel Freiheit, und die Fische brauchen Intimität. Zwei sehr unterschiedliche Welten – diese Beziehung erfordert viel Arbeit.

+ STEINBOCK
♥ ♥ ♥ ♥ ♡ ♥ ♥ ♡ ♡ ♡

Der Steinbock ist eines der ernsthaftesten Zeichen, und doch kann dies eine lohnende Verbindung sein. Er bringt Ordnung in das Chaos des Fischs, und der Fisch hilft dem Steinbock, sich zu öffnen und loszulassen.

+ WASSERMANN
♥ ♡ ♥ ♡ ♡ ♥ ♡ ♡ ♡ ♡

Sie sind beide kreativ und fantasievoll. Aber der Wassermann ist ein rationales und unabhängigkeitsliebendes Zeichen, während der Fisch gefühlsbetont und unsicher ist. Eine schwierige Kombination.

DER MYTHOS DES STERNZEICHENS FISCHE:
Eros und Aphrodite

Die Hauptfiguren in der Entstehungsgeschichte dieses Sternbildes sind die Göttin Aphrodite (von den Römern Venus genannt) und Eros (bei den Römern Amor). Eros war der Sohn von Aphrodite und Ares (Mars in der römischen Mythologie). Da Aphrodite die Göttin der Lust und Ares der Gott der Gewalt und des Krieges war, kann man sich leicht vorstellen, dass Eros der Gott der sexuellen Anziehung, des Sex und der Liebe war. Der folgende Ursprungsmythos ist nur einer von vielen. (Eros spielt auch eine Rolle in der Geschichte von Eros und Psyche, die voller Leidenschaft, Eifersucht, Lügen und Betrug ist – aber das ist ein ganz anderes Thema.)

An einem sonnigen Nachmittag, als Eros noch ein Kind war, genossen er und seine Mutter Aphrodite die frische Luft in der Nähe eines Flusses. Sie schlief, während der Junge neben ihr spielte. Plötzlich erkannte Aphrodite, dass der Titan Typhon, eines der schrecklichsten Wesen der Erde, in der Nähe war, und es war nur eine Frage der Zeit, bis er sie finden und ihnen etwas antun würde. Blitzschnell packte Aphrodite ihren Sohn an der Hand und stürzte sich in den Fluss. Sie verwandelte sich in einen Fisch, ebenso wie Eros, und die beiden ließen sich von der Strömung mitreißen, mit einem Band zusammengebunden, um nicht getrennt zu werden. Es gelang ihnen, dem Titan zu entkommen, und als sie in Sicherheit waren, setzte Aphrodite als Geschenk für ihr Kind das zarte Sternbild der Fische an den Himmel.

Eine frühere Ursprungsgeschichte stammt aus Assyrien und handelt von Dercetis oder Atargatis, einer Göttin, die halb Frau, halb Fisch war. Hier symbolisierte das Sternbild einen einzelnen Fisch.

Das Symbol des Fisches
Der Fisch ist in verschiedenen Kulturen ein Symbol, das oft mit dem Spirituellen und Mystischen und auch mit der Astrologie in Verbindung gebracht wird.

Im Christentum symbolisiert der Fisch den Glauben, und es heißt, dass man reichlich belohnt wird, wenn man glaubt (wie im Gleichnis von den Broten und Fischen).

In China werden Fische mit Ehe und Liebe assoziiert, da Kois paarweise schwimmen und ein beliebtes Geschenk für Paare sind.

In Skandinavien und Europa stehen Fische für das Loslassen, für das Genießen und Akzeptieren des Lebens, so wie es ist, und für die Fähigkeit, sich anzupassen.

In der Astrologie steht das Sternzeichen Fische für das Verborgene, Emotionale, Sensible und die Wandelbarkeit aller Dinge; für die Art und Weise, wie wir uns an Veränderungen anpassen, und für unseren Widerstand gegen die Ereignisse des Lebens (oder auch nicht). Fische vermitteln uns die starke Lektion, alles so sein zu lassen, wie es ist. Das Leben fließen zu lassen bedeutet manchmal, loszulassen und weiterzugehen, sich an die Vergangenheit als wertvolle Lektion zu erinnern, aber nicht an ihr festzuhalten.

Fische-Phase

17. März

23. März

Widder-Phase

Wassermann
Luft
fest
positiv
beweglich
negativ

Fische ♓
Wasser
beweglich
negativ

Widder ♈
Feuer ♈
kardinal
positiv

Stier ♉
Erde
fest
negativ

Zwillinge
Luft
beweglich

Wasser ♋
kardinal

Feuer ♌

DER FISCHE-WIDDER-SCHEITELPUNKT

17. März – 23. März

Scheitelpunkte sind die Tage unmittelbar vor und nach dem astrologischen Sternzeichenwechsel. Menschen, die an diesen Tagen geboren sind, können sich mit Eigenschaften des früheren und des späteren Zeichens identifizieren. Je nach ihrem übrigen Geburtshoroskop fühlen sie sich entweder ihrem Sonnenzeichen oder dem darauffolgenden Zeichen zugehörig.

Diese Scheitelkinder, vor allem die Männer, haben einen ausgeprägten persönlichen Charme. Sie wissen, wie man es schafft, dass andere Menschen sich wohlfühlen, denn sie sind fröhlich und einfühlsam, aber auch sinnlich und für jedes Vergnügen zu haben. Wenn nicht andere Positionen dagegensprechen, neigen Menschen mit diesem Scheitelpunkt dazu, ihre Partner häufig zu wechseln: Nach einer kurzen und intensiven Beziehung ziehen sie zur nächsten Liebschaft weiter. Sie haben das Charisma des Widders und die Sanftheit der Fische, obwohl sie manchmal passiv-aggressiv sein können.

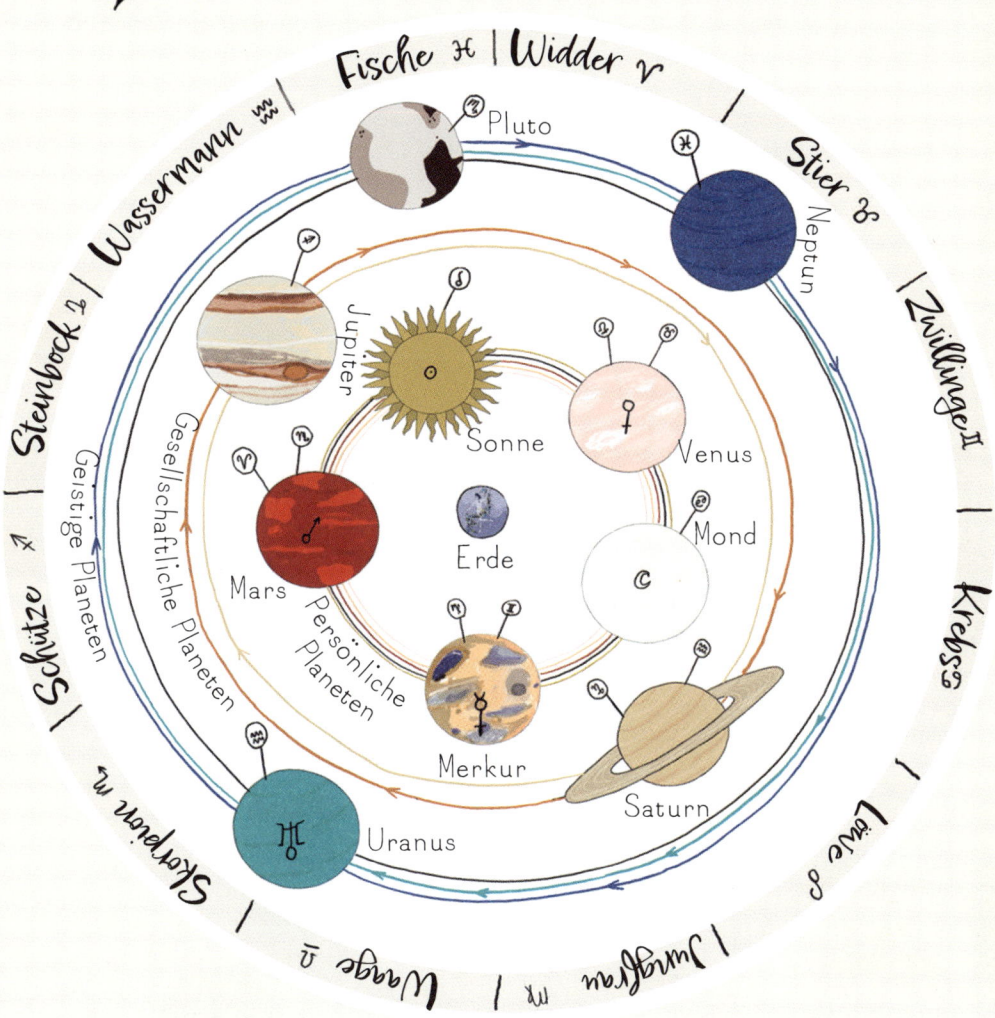

In der Astrologie wird jeder Stern in Erdnähe als Planet betrachtet. Aus unserer menschlichen Sicht scheint es, als würden die Planeten von einem Zeichen zum nächsten wandern und dabei den gesamten Tierkreis durchlaufen. So wandern die Planeten zum Beispiel von den Fischen in den Widder; wenn sie rückläufig sind, scheinen sie die umgekehrte Reise zu machen (siehe S. 93). Der Platz, den die Planeten in den Sternzeichen einnehmen, sagt etwas über die Energie aus, die zum jeweiligen Zeitpunkt herrscht, und ist für die Deutung unseres Geburtshoroskops sehr wichtig. Zusätzlich zu den astronomischen Planeten (Merkur, Venus, Mars, Jupiter, Saturn, Uranus, Neptun und Pluto) und den Gestirnen (Sonne und Mond) werden wir uns einige wichtige Elemente (Aszendent, Deszendent, Medium Coeli, Mondknoten und Lilith) und andere Sterne ansehen.

Einteilung der Planeten

In der Astrologie werden die Himmelskörper in drei Gruppen eingeteilt, die unterschiedliche Lebensbereiche beeinflussen:

Persönliche Planeten: Sonne, Mond, Merkur, Venus und Mars. Sie haben schnelle Umlaufbahnen und wechseln daher alle paar Tage oder Wochen das Zeichen. Sie wirken sich auf bestimmte Merkmale unserer Persönlichkeit aus, zum Beispiel auf unsere Art zu kommunizieren oder zu lieben, auf unsere Interessen, unsere Gefühle oder darauf, wie wir uns in einem Streit verhalten.

Sonne	Mond	Merkur	Venus	Mars
Persönlichkeit Selbstbild	Emotionen Innenwelt	Kommunikation Interessen	Art der Zuneigung Geschmack Sensibilität	Gewalttätigkeit Rebellion Sex

Gesellschaftliche Planeten: Jupiter und Saturn. Sie sagen uns, wie wir die Gesellschaft und unser Umfeld beeinflussen können und worauf wir unsere persönliche Entwicklung ausrichten sollten. Achte besonders auf die Häuser (ab S. 127), um die Bedeutung der gesellschaftlichen Planeten im Geburtshoroskop zu deuten, zusätzlich zu dem Zeichen, in dem sie sich befinden. Diese Planeten bleiben über Monate oder Jahre im selben Zeichen. Sie waren schon im Altertum bekannt und sind die klassischen Herrscherplaneten.

Geistige Planeten, kollektive, transsaturnische oder überpersönliche Planeten: Uranus, Neptun und Pluto. Sie sind eine Verkörperung der modernen Astrologie. Sie haben eine langsame Umlaufbahn und verbleiben jahre- oder jahrzehntelang im selben Zeichen, sodass wir ihr Wirken über ganze Generationen hinweg betrachten und sie wichtige historische und soziale Ereignisse markieren können.

 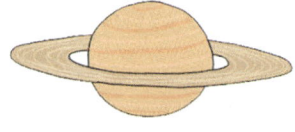   

Jupiter	Saturn	Uranus	Neptun	Pluto
Erfüllung Chancen Versprechen	Verantwortung Reife Selbstkritik	Rebellion Inspiration Unabhängigkeit	Kreativität Träume Unbewusstes	Tod Wiedergeburt Tabus

Achsen und andere Himmelskörper: Später werden wir den Einfluss von Achsen und Positionen zwischen Planeten und Punkten der Erdkugel, wie Mondknoten, Lilith, Aszendent, Deszendent, Medium Coeli, sowie von kleineren Himmelskörpern wie Chiron, Ceres, Pallas und anderen Asteroiden betrachten. Aszendent, Sonne und Mond bilden die drei Hauptpositionen in einem Geburtshoroskop.

Die astrologischen Würden

Was versteht man darunter?
Die Beziehung zwischen einem Planeten und einem Sternzeichen wird in der Astrologie als Würde bezeichnet, wobei einige Würden günstiger oder leichter zu tragen sind als andere.

Domizil oder Herrscher: Dies ist das Zeichen, in dem sich der Planet wohlfühlt, in dem die Energie fließt und sich auf angenehme Weise manifestiert.

Exil: Dies ist das Gegenteil des Domizils. Menschen mit diesen Positionen werden es schwerer haben, sich in diesem Bereich wohlzufühlen.

Erhöhung: Dies ist das Zeichen, in dem der Planet den größten Einfluss hat. Das manifestiert sich als sehr starke Energie dieses Planeten in dieser Position. Diese Würde ist günstig, und es fällt dem Menschen leicht, sie auszuleben.

Fall: Ein Planet befindet sich im Fall, wenn er im entgegengesetzten Zeichen des erhöhten Zeichens liegt. Dies gilt als ungünstig; jemand, der diese Position in seinem Geburtshoroskop hat, wird sie als unangenehm empfinden.

Planet	Domizil / Herrscher	Exil	Erhöhung	Fall
☉ Sonne	Löwe	Wassermann	Widder	Waage
☽ Mond	Krebs	Steinbock	Stier	Skorpion
☿ Merkur	Zwillinge	Schütze	Wassermann	Löwe
	Jungfrau	Fische	Jungfrau	Fische
♀ Venus	Stier	Skorpion	Fische	Jungfrau
	Waage	Widder		
♂ Mars	Widder	Waage	Steinbock	Krebs
	Skorpion	Stier		
♃ Jupiter	Schütze	Zwillinge	Krebs	Steinbock
	Fische	Jungfrau		
♄ Saturn	Steinbock	Krebs	Waage	Widder
	Wassermann	Löwe		
♅ Uranus	Wassermann	Löwe	Skorpion	Stier
♆ Neptun	Fische	Jungfrau	Krebs	Steinbock
♇ Pluto	Skorpion	Stier	Fische	Jungfrau

Rückläufige Planeten

Was bedeutet es, wenn ein Planet rückläufig ist?
Wir wissen, dass sich die Planeten auf ihrer Umlaufbahn immer in die gleiche Richtung drehen. Aber von der Erde aus gesehen scheint es zu bestimmten Zeiten so, als würde sich ein Planet rückwärts bewegen. Das ist nicht wirklich der Fall, aber die optische Täuschung entsteht, weil sich der Planet langsamer bewegt.

Welche astrologischen Auswirkungen hat das?
Eine Rückläufigkeit lädt uns dazu ein, über das Thema des betreffenden Planeten nachzudenken und in uns zu gehen. In dieser Zeit sollten wir uns überlegen, wie wir uns besser auf dieses Thema konzentrieren können. Wenn der Planet wieder direktläufig wird (also nicht mehr rückläufig ist), ist es an der Zeit, all die Überlegungen, die man angestellt hat, in die Tat umzusetzen.

✶ Die Gestirne ✶

In der Astrologie bezeichnen wir Sonne und Mond als Gestirne beziehungsweise als Lichter. Sie gelten als die wichtigsten und einflussreichsten Sterne in unserem Geburtshoroskop.

Die Sonne steht für das Äußere, das Leuchtende, das Dauerhafte, das Körperliche, die Form, unser Wesen als Person und unsere männliche Seite. Der Mond steht für unsere Emotionen (die sich verändern wie die Mondphasen), die Innenwelt, das Unterbewusste, Verborgene, Energetische und unsere weibliche Seite. Da der Mond die Strahlen der Sonne reflektiert, werden die beiden in der Astrologie manchmal als Einheit betrachtet.

Die Lichter symbolisieren unsere wesentliche Grundlage als Menschen. Diese Assoziation steht mit dem patriarchalischen Ursprung unserer Kultur in Zusammenhang. Das Männliche wird mit der Sonne und der Macht assoziiert und der Mond mit dem Weiblichen und dem Okkulten. Dieses Wissen ist der Schlüssel zu einer vollständigen Sicht auf diese Symbolik.

In meiner obigen Darstellung der Gestirne habe ich mich dafür entschieden, sie als zwei Frauen zu zeichnen, die sich an den Händen halten. Das ist keine traditionelle Darstellung, denn normalerweise werden sie als Mann (Sonne) und Frau (Mond) dargestellt.

Die Eklipsen

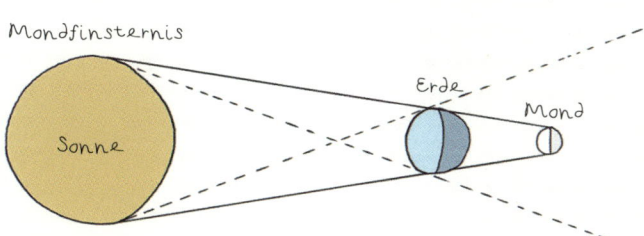

Mondfinsternis

Sonne

Erde

Mond

Mondfinsternisse finden nur bei Vollmond statt.

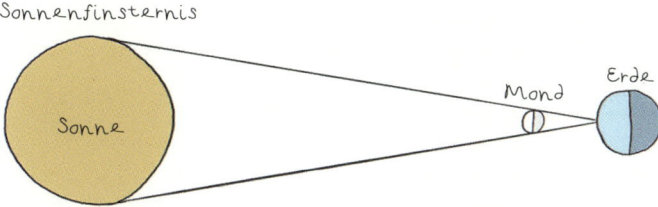

Sonnenfinsternis

Sonne

Mond

Erde

Sonnenfinsternisse finden nur bei Neumond statt.

MONDFINSTERNIS: Wir bemerken, dass unsere Gefühle und Emotionen verändert sind; nun sind Selbstbeobachtung und Meditation wichtig. Während einer Mondfinsternis sollte man keine Steine unter dem Vollmond aufladen.

SONNENFINSTERNIS: Uns fällt auf, dass wir weniger Energie haben; wir ziehen uns mehr zurück und sind weniger lebhaft. Wahrscheinlich leiden wir vermehrt unter Stress und Niedergeschlagenheit, Müdigkeit und Erschöpfung.

WIEDERKEHRHOROSKOP

In der Astrologie ist ein Wiederkehrhoroskop eine detaillierte Vorhersage unseres Jahres auf der Grundlage unseres Geburtshoroskops. Die Berechnung ist kompliziert.

Solar — Wiederkehr der Sonne

Dies ist ein Horoskop, das genau auf den Zeitpunkt der Sonnenwiederkehr erstellt wird – also dann, wenn sich die Sonne wieder an derselben Stelle befindet wie bei unserer Geburt. Das findet einmal jährlich statt.

Lunar — Wiederkehr des Mondes

Das Lunar ist der genaue Zeitpunkt im Monat, an dem sich der Mond an derselben Stelle befindet wie bei unserer Geburt. Das findet einmal im Monat statt.

Die Sonne

Der beherrschende Stern in der Astrologie gibt uns Auskunft über unsere Grundenergie, die wir unbewusst manifestieren. Diese zu integrieren, fällt uns nicht schwer, da sie uns bereits innewohnt. Unser Sonnenzeichen ist das Zeichen, in dem die Sonne stand, als wir geboren wurden; es ist auch als Tierkreiszeichen oder Sternzeichen bekannt. Bei Männern sind Sonne und Mars Teil ihrer männlichen Identität; bei Frauen bestimmt die Sonne die Eigenschaften, die sie an anderen Menschen attraktiv finden, und natürlich ihre grundlegende Identität.
Die Planeten, die Aspekte mit der Sonne bilden, beeinflussen unsere Entwicklung. (Mehr über die Aspekte erfährst du in "Das Geburtshoroskop" ab S. 134, auf S. 135 zu den Aspekten)
Das Haus, in dem die Sonne steht, zeigt an, in welchem Bereich du dich besonders hervortun wirst. (Mehr über die Häuser findest du unter »Die Häuser« ab S. 127.)

Domizil: Löwe
Erhöhung: Widder
Exil: Wassermann
Fall: Waage

Rückläufig: nicht rückläufig
Wechselt das Zeichen alle 29–30 Tage
Vollendet ihre Umlaufbahn alle 365 Tage

Die Sonne in den Sternzeichen

Die Sonne im Widder ist erhöht, was bedeutet, dass die Widder-Geborenen den Einfluss der Sonne in seiner ganzen Intensität ausleben. Das macht sie zu feurigen, risikofreudigen Menschen mit einer starken Persönlichkeit. Für sie ist es wichtig, zu glänzen und aufzufallen, und sie können etwas rücksichtslos sein, wenn sie nicht beachtet werden. Sie stehen gern im Mittelpunkt der Aufmerksamkeit.

Die Sonne im Stier macht normalerweise den Weg frei für gelassene Menschen, die die Freuden des Lebens ohne großes Bedauern genießen. Sie sind Lebenskünstler, gelassen, aber auch überheblich, dickköpfig und stur. Sie reagieren nur langsam auf unvorhergesehene Ereignisse, was es ihnen schwer macht, Entscheidungen zu treffen, und dazu führt, dass sie in manchen Situationen stagnieren oder sich anpassen.

Die Doppelnatur des Sonnenzeichens Zwillinge manifestiert sich darin, dass diese Menschen ihre Meinung häufig ändern und es ihnen schwerfällt, eine feste Meinung zu vertreten. Das führt auch dazu, dass sie sich gut an Veränderungen anpassen können, gesellig und fast überall beliebt sind. Sie sind freundlich und locker. Es fällt ihnen nicht schwer, sich in unterschiedliche Gruppen oder Situationen einzufügen.

Die Sonne im Krebs steht für eine etwas reizbare, emotionale, traditionsbewusste und gleichzeitig unangepasste Persönlichkeit; mit einem Wort: widersprüchlich. Krebse fühlen sich oft unverstanden, was dazu führen kann, dass sie sich ein bisschen zurückziehen und nicht verletzlich sein wollen, vor allem aufgrund von Kindheitserfahrungen.

Die Sonne ist im Löwen zu Hause. Löwen sind oft Menschen mit einer angeborenen Ausstrahlung, die fast überall beliebt sind und leicht Freundschaften schließen. Sie nehmen gern Komplimente an, verteilen sie aber auch. Sie leben gern gut, und das gelingt ihnen vor allem aufgrund ihrer sozialen Kompetenz. Sie können arrogant und egozentrisch sein.

Die Haupteigenschaft der Sonne in der Jungfrau ist die ausgeprägte Beobachtungsgabe und der analytische Verstand. Jungfrauen verarbeiten alles langsam, sodass ihnen kein Detail entgeht. Sie suchen oft nach Wegen, um ihre Eindrücke, Gefühle und Besitztümer zu ordnen und zu klassifizieren. Auch wenn sie chaotisch wirken mögen, folgt alles einer Logik.

Die Sonne ist in der Waage im Fall, was Menschen mit dem Sonnenzeichen Waage zu unentschlossenen, nicht sonderlich eigenständigen Menschen macht, die meist nach einem Vorbild suchen. Sie übernehmen oft Charaktereigenschaften von Menschen, zu denen sie in ihrer Kindheit eine enge Beziehung hatten, zum Beispiel der Mutter (bei Frauen) oder älteren Brüdern. Sie sind immer auf der Suche nach Harmonie und vermeiden Konfrontationen.

Die Sonne im Skorpion bringt recht geheimnisvolle Menschen mit tiefgründigen Gefühlen hervor. Ihre Wege sind unkonventionell. Andere Menschen finden sie vielleicht seltsam oder verstehen die komplexe, tiefe Innenwelt dieses Zeichens nicht. Geheimnisse, Tabus, Sex und das Okkulte sind für Menschen mit diesem Sonnenzeichen wichtige Themen.

Die Sonne im Schützen ist geprägt von der Suche nach neuen Erfahrungen, Überzeugungen und Menschen. Sie drückt sich in der Jugend wahrscheinlich vor allem durch Leichtsinn und Verantwortungslosigkeit aus, aber auch durch den Wunsch, zu reisen, die Heimat zu verlassen und die Welt zu sehen. Dies wird durch die Zeichen des Mondes, des Mars und insbesondere des Merkurs (und durch das übrige Geburtshoroskop) stark nuanciert.

Wenn die Sonne in harmonischem Aspekt im Steinbock steht, entstehen selbstbewusste, entschlossene und ehrgeizige Menschen, die sich in den verschiedensten Situationen gut und sicher zu verhalten wissen. Steht die Sonne in einem Spannungsaspekt, können Steinböcke einsam, materialistisch, misstrauisch, emotional verschlossen und kalt sein. Das Leben kann für sie ein ständiger Kampf sein, aber das hängt auch vom Rest ihres Horoskops ab.

Die Sonne steht im Wassermann im Exil. Daher sind Wassermann-Geborene weniger egozentrisch und viel mehr auf die Gemeinschaft bezogen. Sie sind rational, aber idealistisch, originell und kreativ. Vor allem sind sie für andere Menschen sehr schwer zu verstehen, was viel mit diesem Exil zu tun hat, aber auch mit ihren Schwierigkeiten, persönliche Gefühle auszudrücken.

Die Sonne in den Fischen bringt Menschen mit der Sensibilität und Anpassungsfähigkeit, dem Einfühlungsvermögen und der Inspiration des Wassers hervor, aber auch mit Zerstreutheit, Unklarheit und Mangel an Struktur. Sie verfügen über viel Kreativität und Vorstellungskraft, aber wenn sie keine Positionen in Erdzeichen haben, dank denen sie sich besser fokussieren und organisieren können, fällt es ihnen schwer, etwas Nützliches aus ihren Ideen zu machen.

Der Mond

Der Mond repräsentiert unsere Gefühlswelt, unser Innenleben. Er wird mit dem Weiblichen assoziiert und steht für die Beziehung zu unserer Mutter. Bei einer Frau ist er zusammen mit der Venus Teil ihrer weiblichen Identität.

Der Mond hat auch Einfluss auf unseren Instinkt, auf unsere instinktiven Reaktionen, darauf, wie wir unsere Gefühle nach außen tragen, und auf unsere Vorstellung von Intimität und emotionaler Stabilität.

Das Haus, in dem der Mond steht, gibt Auskunft darüber, was uns tröstet und wo wir uns sicher und geborgen fühlen.

Die Planeten, die Aspekte mit dem Mond bilden, wirken sich darauf aus, wie wir unsere Gefühle ausdrücken und was uns emotional am meisten berührt.

Domizil: Krebs
Erhöhung: Stier
Exil: Steinbock
Fall: Skorpion

Rückläufig: nicht rückläufig
Wechselt das Zeichen alle 2-3 Tage
Vollendet seine Umlaufbahn in 29 Tagen

Der Mond in den Sternzeichen

Der Mond im Widder bringt feurige, temperamentvolle, risikofreudige Menschen mit wechselnden und intensiven Gefühlen hervor. Sie sind offen, ehrlich und unabhängigkeitsliebend und ergreifen in sexuellen Beziehungen die Initiative. Sie mögen keine Kompromisse, die sie als Fesseln empfinden. Sie brauchen viel Aufmerksamkeit und Lob.

Der Mond im Stier bewirkt, dass diese Menschen mit dem, was sie haben, zufrieden sind; sie sind oft emotionaler Balsam für Menschen mit unruhigem Innenleben. Einerseits brauchen sie ihre Privatsphäre und mögen es nicht, wenn man sie unter Druck setzt; andererseits wünschen sie sich einen liebevollen, engagierten Partner. Sie sind in der Regel emotional stabil und treu.

Menschen mit dem Mond in den Zwillingen rationalisieren ihre Gefühle, sind neugierig und mögen alles Neue. Sie probieren gern verschiedene Erfahrungen aus und fühlen sich nicht gern gefangen. Sie lassen sich nur ungern auf eine einzige Beziehung ein, weshalb sie oberflächlich wirken können. Sie sind neugierig auf Lebenserfahrungen.

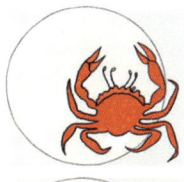

Der Mond im Krebs bringt liebevolle, mütterliche, gefühlsbetonte und sensible Menschen hervor. Sie haben ein ausgeprägtes Einfühlungsvermögen, weshalb die Emotionen anderer Menschen ihre eigene emotionale Stabilität und Gefühlswelt stark beeinflussen können. Ihre größte Stärke ist ihr beschützendes Wesen, da sie von Natur aus familienorientiert und fürsorglich sind.

Der Mond im Löwen ist meist eine etwas ungünstige Position, da der Löwe von der Sonne regiert wird. Dieser Mond hat das Bedürfnis, sich der Außenwelt zu zeigen, was zu sympathischen, engagierten Menschen mit edlen Gefühlen führt. Aufgrund dieses Bedürfnisses, sich nach außen hin zu zeigen, brauchen sie jedoch Bestätigung von außen und können sehr theatralisch sein.

Der Mond in der Jungfrau stärkt das Selbstvertrauen dieser Menschen. In impulsiven, temperamentvollen Beziehungen fühlen sie sich oft sehr unwohl. Sie sind ein bisschen ängstlich und müssen alles, was sie empfinden, analysieren. Bei Menschen, die gut organisiert sind und ihnen ein Gefühl der Sicherheit geben, fühlen sie sich wohl.

Die Haupteigenschaft von Menschen mit dem Mond in der Waage ist die Suche nach Ausgeglichenheit: Sie vertragen keine Menschen mit starken Emotionen, keine Eifersuchtsszenen, keine Kontrollsucht oder Obsession, sondern brauchen Harmonie, um zufrieden zu sein. Sie sind emotional unentschlossen und nicht gern allein (es sei denn, ihre Sonne, Venus oder Mars widersprechen dem).

Der Mond im Skorpion ist im Fall. Es ist der komplexeste Mond, der mit sehr intensiven Emotionen einhergeht und schwer zu bewältigen ist. Diese Menschen sind in der Regel sehr intuitionsbegabt, vor allem, wenn es um die negativen Seiten anderer Menschen geht. Einmal verarbeitet, gibt dieser Mond ungewöhnliche Einsichten und innere Tiefe. Diese Menschen wollen allem auf den Grund gehen.

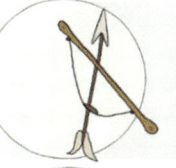

Der Mond im Schützen weckt das Bedürfnis, viele Möglichkeiten zu erforschen, zu verstehen und zu erfahren, sowohl auf körperlicher als auch auf emotionaler und geistiger Ebene. Wenn diese Suche durch die Umstände oder durch ungünstige Aspekte zu anderen Planeten vereitelt wird, kann das zu Unzufriedenheit führen. Trotzdem sind diese Menschen fröhlich, optimistisch und spontan.

Der Mond im Steinbock ist im Exil. Diese Menschen brauchen für ihren inneren Frieden soziale, wirtschaftliche und emotionale Stabilität und selbst dann sind sie unzufrieden. Ihr Wohlbefinden hängt von materiellen Dingen ab, weshalb sie etwas egoistisch und habgierig sein können. Sie sind verantwortungsbewusst. Es fehlt ihnen an Einfühlungsvermögen (es sei denn, ihr Horoskop wird durch das Element Wasser ausgeglichen).

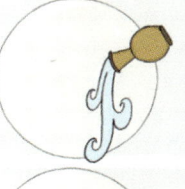

Menschen mit dem Mond im Wassermann brauchen viel Freiheit und Unabhängigkeit. Sie haben etwas eigenwillige Bedürfnisse, was für ihre Partner befremdlich sein kann. Sie sind überhaupt nicht gefühlsbetont und gehen kaum tiefe Bindungen zu anderen Menschen ein. Sie projizieren ihre Gefühlswelt eher nach außen und können altruistisch oder uneigennützig sein.

Menschen mit dem Mond in den Fischen sind am sensibelsten. Sie sind sehr verletzlich, drehen sich oft im Kreis herum und verletzen ihre eigenen Gefühle durch ihre Fantasie, indem sie sich unrealistische Szenarien ausmalen, vor allem zu Beginn einer Beziehung. Sie sind leicht zu begeistern, aber es fällt ihnen schwer, ihr Interesse aufrechtzuerhalten.

Mondknoten

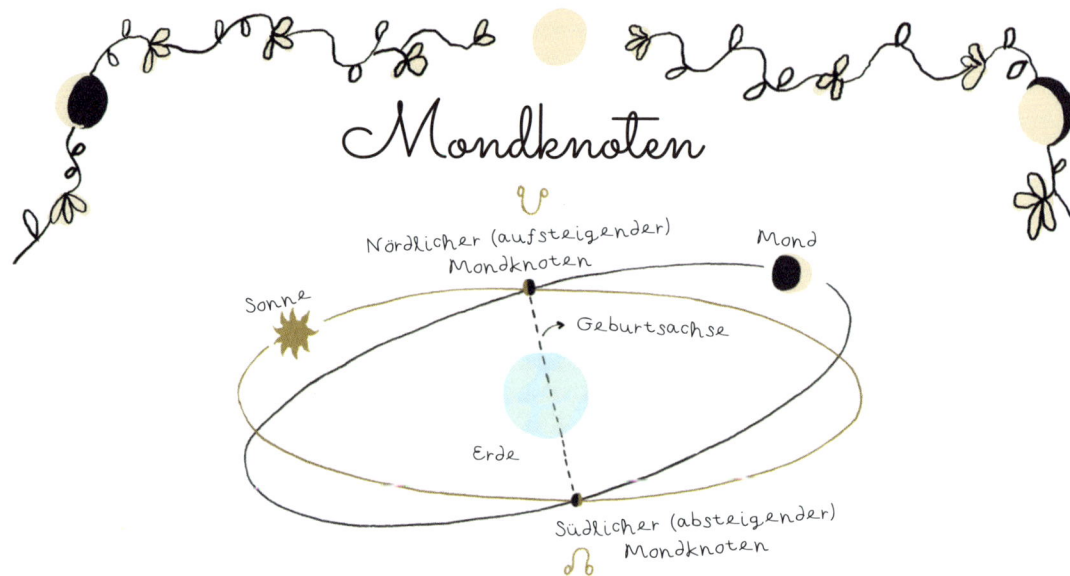

Nördlicher (aufsteigender) Mondknoten

Mond

Sonne

Geburtsachse

Erde

Südlicher (absteigender) Mondknoten

Die Mondknoten zeigen uns, an welcher Sternzeichen-Achse wir am meisten arbeiten müssen, um unser Potenzial voll zu entfalten und unsere Bestimmung zu erfüllen. Geometrisch gesehen sind die Mondknoten die Schnittstelle zwischen der scheinbaren Bahn des Mondes und der Sonne. Der nördliche Mondknoten sagt uns, was wir verinnerlichen müssen, um zu wachsen, und der südliche Mondknoten zeigt uns, was wir lernen müssen, loszulassen.

Eigenschaften der Mondknoten-Achsen

NORDKNOTEN WIDDER – SÜDKNOTEN WAAGE
Du musst versuchen, mutig zu sein und deine Komfortzone zu verlassen. Selbstzufriedenheit musst du loslassen.

NORDKNOTEN WAAGE – SÜDKNOTEN WIDDER
Du musst dich um Einfühlungsvermögen, diplomatisches Verhalten und sinnvolle Beziehungen bemühen. Individualismus musst du loslassen.

NORDKNOTEN STIER – SÜDKNOTEN SKORPION
Du musst ein Gleichgewicht zwischen der spirituellen und der materialistischen Seite des Lebens suchen. Das Bedürfnis nach Kontrolle musst du loslassen.

NORDKNOTEN SKORPION – SÜDKNOTEN STIER
Du musst versuchen, dich mit Neuerungen und Ungewissheiten wohlzufühlen. Geheimhaltung in Bezug auf Emotionen musst du loslassen.

NORDKNOTEN ZWILLINGE – SÜDKNOTEN SCHÜTZE
Du solltest dich um Kommunikation, Geduld, Beredsamkeit und Neugier bemühen. Egoismus musst du loslassen.

NORDKNOTEN SCHÜTZE – SÜDKNOTEN ZWILLINGE
Du musst nach Expansion, Erfahrung und Weisheit streben. Unentschlossenheit und Zweifel musst du loslassen.

NORDKNOTEN KREBS – SÜDKNOTEN STEINBOCK
Du musst versuchen, Zuneigung zu genießen und nach Liebe und Mitgefühl zu suchen. Arroganz und Einsamkeit musst du loslassen.

NORDKNOTEN STEINBOCK – SÜDKNOTEN KREBS
Du musst nach Ersparnissen, Ehrgeiz und Charakterstärke streben. Bedrückende Gefühle musst du loslassen.

NORDKNOTEN LÖWE – SÜDKNOTEN WASSERMANN
Du musst dich um Selbstvertrauen, Selbstwertgefühl und ein sympathisches Wesen bemühen. Die Rationalisierung von Emotionen musst du loslassen.

NORDKNOTEN WASSERMANN – SÜDKNOTEN LÖWE
Du musst nach Kreativität und dem Wert des Andersartigen Ausschau halten. Narzissmus musst du loslassen.

NORDKNOTEN JUNGFRAU – SÜDKNOTEN FISCHE
Du musst nach Ordnung, Beständigkeit und Analyse streben. Unklarheit und Faulheit musst du loslassen.

NORDKNOTEN FISCHE – SÜDKNOTEN JUNGFRAU
Du musst versuchen, mitfühlend, hilfsbereit und verletzlich zu sein. Du musst dir abgewöhnen, alles zu sehr zu analysieren.

Lilith

Lilith ist eine Figur aus der jüdisch-christlichen
Mythologie. Sie war Adams erste Frau; Gott hatte sie als
ebenbürtig mit Adam, unabhängig und stark erschaffen.
Als Lilith sich gegen Adams Autorität auflehnte,
verbannte Gott sie und schuf aus Adams Rippe Eva, eine
unterwürfige und willfährige Frau (mehr oder weniger,
denn wie die Geschichte besagt, hat Eva kurz darauf im
Umgang mit der Schlange und der Frucht des Apfelbaums im
Garten Eden ziemlich viel Unheil angerichtet).

In der Astrologie ist Lilith, auch schwarzer oder dunkler Mond
genannt, ein Punkt zwischen der Mondbahn und der imaginären Linie, die durch die Erde
verläuft und das Perigäum und das Apogäum (den erdnächsten beziehungsweise erdfernsten
Punkt der Mondbahn) miteinander verbindet. Das Zeichen, in das Lilith in unserem
Geburtshoroskop fällt, ist eine sekundäre Position: Bei Frauen gibt es Aufschluss darüber, wie sie
ihre eigene weibliche Kraft wahrnehmen; bei Männern verrät es, wie sie die weibliche Kraft der
Frauen wahrnehmen. Sie verrät uns auch etwas über die dunkle Seite des sexuellen Begehrens.

LILITH IM WIDDER
Launisch und stolz, sexuelle,
ja sogar aggressive Energie.

LILITH IM STIER
Leidenschaftliches und besitzer-
greifendes Verlangen, entschlossen und beständig. Sinnlichkeit
und Geld kommen zusammen.

LILITH IN DEN ZWILLINGEN
Widersprüchlich. Begehren
steigert sich durch Psychospielchen. Unklarheit.

LILITH IM KREBS
Lässt sich von Leidenschaften
mitreißen. Solche Menschen können
das Körperliche nicht von Gefühlen und der Fantasie trennen.

LILITH IM LÖWEN
Wenn sie sich ihrer selbst sicher
sind, entspringt ihr Verlangen
der Selbstbestätigung: Ich will
das, ich werde dafür kämpfen.

LILITH IN DER JUNGFRAU
Sehr wählerisch und kritisch.
Äußert sich auch durch En-
gagement und Hilfsbereit-
schaft.

LILITH IN DER WAAGE
Widersprüchliche Stellung:
Der sexuelle Trieb und das
Streben nach Gleichgewicht
widersprechen sich.

LILITH IM SKORPION
Gilt als Domizil des Skorpions; das sexuelle Verlangen fließt harmonisch. Intensiv und beunruhigend.

LILITH IM SCHÜTZEN
Expansives, freies und
großzügiges Verlangen.
Losgelöst und heiter.

LILITH IM STEINBOCK
Durch die Pflicht gebunden
und kastriert. Das Objekt des
Begehrens wird als gefähr-
lich empfunden und abgelehnt.

LILITH IM WASSERMANN
Fühlt sich zu allem Ungewöhn-
lichen und Originellen hingezogen – das Verlangen ist frei
von Bindungen und intensiv.

LILITH IN DEN FISCHEN
Sexuelles Verlangen ver-
mischt sich mit Liebe, um
völlig mit dem geliebten
Menschen zu verschmelzen.

Die Mondphasen

Die Mondphase, in der wir geboren werden, beeinflusst unser Leben ebenso, wie sie sich auf das Wachstum von Pflanzen oder die Gezeiten auswirkt. Die Mondphase unseres Geburtszeitpunkts bestimmt die vorhandene Energie im Verhältnis zu den anderen Mondphasen; sie nuanciert das Mondzeichen, und ihre Kenntnis kann uns helfen, unsere Energiezyklen zu berücksichtigen (uns auszuruhen, wenn wir es brauchen; zu erkennen, wann wir besonders viel Energie haben, und so weiter). Bemerkenswert ist auch, dass der Mondzyklus und der durchschnittliche Menstruationszyklus identisch sind (29 Tage) und dass die Menstruation vieler Frauen mit den Mondphasen synchron verläuft. Seit dem Altertum orientieren sich die Bauern im Hinblick auf die Wachstumsphasen und das Schneiden ihrer Pflanzen an den Mondphasen, und der Mondzyklus wird traditionell auch mit dem Haarwachstum in Zusammenhang gebracht.

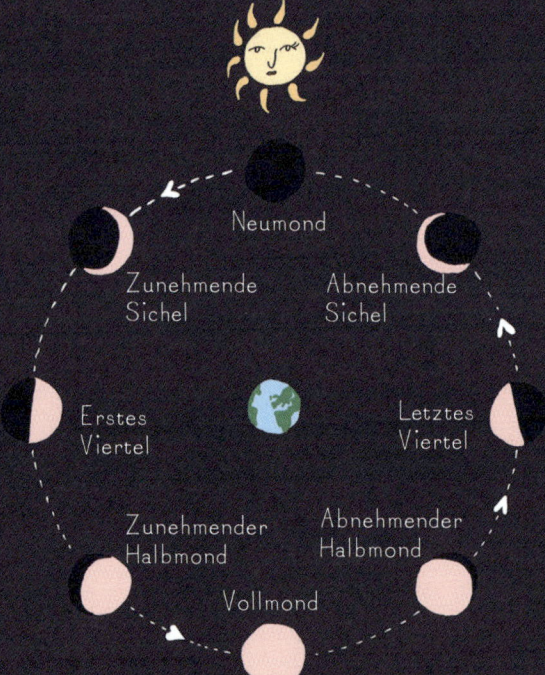

VOLLMOND: Viel verfügbare Energie. Unter diesem Mond geborene Menschen sind sehr nervös. Während des Vollmonds können Menschen, die bei abnehmendem Mond oder Neumond geboren sind, unter Kopfschmerzen leiden oder sich unwohl fühlen.

ABNEHMEND: Unter diesem Mond geborene Menschen sind anderen gegenüber engagiert, rücksichtsvoll und einfühlsam.

NEUMOND: Unter diesem Mond geborene Menschen verfügen über eine größere Intuition für das Spirituelle und Okkulte sowie für emotionale Angelegenheiten und sind in der Lage, andere Menschen durch Gespräche emotional zu heilen.

ZUNEHMEND: Unter diesem Mond geborene Menschen sind aufgeschlossen und frei – sie mögen Gruppendynamik und das Leben in Gesellschaft.

Die 13 Monde

In jedem Jahr gibt es 13 Vollmonde, von denen jeder einen besonders energiegeladenen und kraftvollen Punkt im Kalender markiert. Den unter diesen Monden geborenen Menschen wird eine besondere Aufgabe und eine starke persönliche Energie zugeschrieben. Die Naturvölker benannten die Monde nach einer für die jeweilige Jahreszeit typischen Nutzpflanze oder einem Tier. Für jeden Mond gab es bestimmte Rituale, bei denen spezielle Pflanzen verwendet wurden, die zur Zeit dieser Monde wachsen. Dies diente den Pflanzensammlern auch dazu, sich daran zu erinnern, welche Nahrungsmittel sie zu dieser Zeit sammeln sollten.

Kalter Mond
Dezember

Wolfsmond
Januar

Schneemond
Februar

Bibermond
November

Wurmmond
März

Blaumond
Oktober

Rosa Mond
April

Jägermond
Oktober

Blumenmond
Mai

Maismond
September

Erdbeermond
Juni

Störmond
August

Bockmond
Juli

Vollmonde werden mit Magie und weiblicher Kraft in Verbindung gebracht.

Merkur

Merkur ist unter anderem der römische Gott der Kommunikation, der Götterbote und das Pendant zu Hermes im griechischen Pantheon. Merkur regiert unseren Geist: wie wir kommunizieren, welche Interessen wir haben, unsere Lern- und Organisationsprozesse, welche Themen oder Methoden unsere Aufmerksamkeit am ehesten erregen und auch, mit welchen Menschen wir gut zurechtkommen und bei welchen wir uns besondere Mühe geben müssen.

Wenn du im rückläufigen Merkur geboren bist, fällt es dir leichter, schriftlich zu kommunizieren als persönlich. Deine Ausdrucksweise könnte ungewöhnlich sein.

Rückläufig: 3-mal pro Jahr
Wechselt das Zeichen alle 1–1 ½ Monate
Vollendet seine Umlaufbahn in 12–14 Monaten

Domizil: Jungfrau und Zwillinge
Exil: Schütze und Fische
Erhöhung: Jungfrau und Wassermann
Fall: Löwe und Fische

Merkur in den Sternzeichen

MERKUR IM WIDDER
Diese schnell denkenden und diskussionsfreudigen oder sogar streitlustigen Menschen sind manchmal in Auseinandersetzungen etwas aggressiv und sprechen, ohne vorher nachzudenken, wodurch sie sehr sensible Gesprächspartner verletzen können. Sie äußern ihre Meinung offen und direkt und sind etwas ungeduldig und gedankenlos.

MERKUR IM STIER
Menschen mit Merkur im Stier denken langsam, aber gründlich; sie müssen sich einer Sache sicher sein, bevor sie eine Entscheidung treffen, und sie sind entschlossen und beständig beim Lernen oder Arbeiten. Sie sind vernünftig, aber starrköpfig, und es fällt ihnen schwer, ihre Meinung zu ändern.

MERKUR IN DEN ZWILLINGEN
Menschen mit Merkur in den Zwillingen sind neugierig und haben einen scharfen Verstand. Sie vertiefen sich normalerweise nicht zu sehr in ein einziges Thema, sondern bevorzugen ein oberflächliches Wissen auf verschiedenen Gebieten, sodass die Berufswahl ihnen schwerfällt.

MERKUR IM KREBS
Menschen mit Merkur im Krebs neigen dazu, das Rationale mit dem Sentimentalen, die Realität mit der Fiktion und das Objektive mit dem Subjektiven zu vermischen, weshalb sie in der Regel ein Talent für bildende Kunst, Musik und Poesie haben.

MERKUR IM LÖWEN
Menschen mit Merkur im Löwen sind ausdrucksstark, und ihre Art zu kommunizieren ist selbstbewusst und etwas theatralisch oder übertrieben. Sie schaffen es, die Aufmerksamkeit ihres Publikums zu fesseln, und sind gute Redner oder Schauspieler.

MERKUR IN DER JUNGFRAU
Diese Menschen sind analytisch, akribisch, beständig, genau und sehr kritisch. Sie sind so detailverliebt, dass sie sich oft in Kleinigkeiten verlieren und sich nicht mit den großen Problemen auseinandersetzen, sondern sich eher auf Teilaspekte konzentrieren.

MERKUR IN DER WAAGE
Menschen mit Merkur in der Waage drücken sich elegant aus und finden in der Regel die richtigen Worte, um alles mit Sensibilität und Präzision zu beschreiben. Sie versuchen, unparteiisch zu sein und alle möglichen Gesichtspunkte zu sehen, wodurch sie unentschlossen sind.

MERKUR IM SKORPION
Menschen mit Merkur im Skorpion tauchen tief in die Themen ein, die sie interessieren. Sie ärgern sich über Leute, die sich für Experten auf einem Gebiet halten, ohne es zu sein, oder die viel reden und wenig denken. Ihr Denken ist kreativ und tiefgründig.

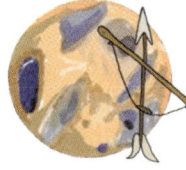

MERKUR IM SCHÜTZEN
Menschen mit Merkur im Schützen sind vielseitig und aufgeweckt, gehen aber gewöhnlich nicht in die Tiefe, sondern bevorzugen eine eher umfassende Perspektive. Sie äußern sich gern optimistisch und offen, sind aber etwas rücksichtslos.

MERKUR IM STEINBOCK
Ihre Ausdrucksweise ist pragmatisch und kühl; sie interessieren sich nicht für emotionale Argumente oder Dinge, die sie nicht mit dem Verstand erfassen können. Sie fühlen sich wohler, wenn sie in einem wissenschaftlichen Bereich arbeiten, und sind konsequent und standhaft in ihren Ideen.

MERKUR IM WASSERMANN
Menschen mit Merkur im Wassermann sind kreativ, idealistisch, unkonventionell und innovativ, ja sogar revolutionär. Außerdem sind sie experimentierfreudig, was zu unkonventionellen, aber stets interessanten Lösungen führt.

MERKUR IN DEN FISCHEN
Menschen mit Merkur in den Fischen drücken sich auf fantasievolle und verträumte Weise aus und haben oft eine Vorliebe für das Künstlerische. Sie fühlen sich wohler, wenn sie sich kreativ ausdrücken können. Sie lassen sich mehr von der Intuition als vom Verstand leiten.

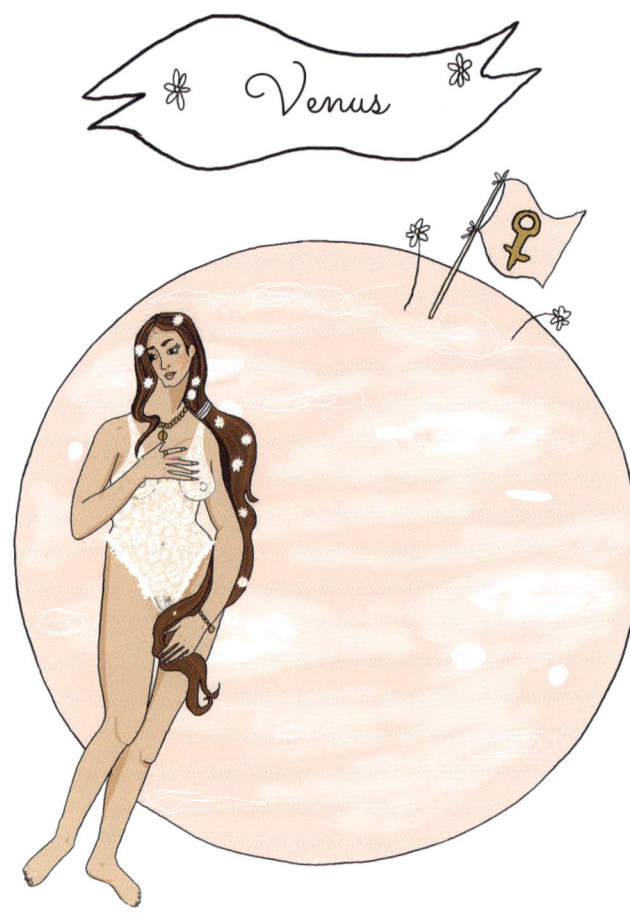

Venus

Venus ist die römische Göttin der Schönheit, Liebe und Sexualität; ihr griechisches Pendant ist Aphrodite. Venus bestimmt unseren Geschmack – sowohl in ästhetischer Hinsicht als auch in der Liebe: Sie prägt unsere Art zu lieben und liebevolle Beziehungen einzugehen. Das Haus, in dem Venus steht, zeigt an, in welchen Lebensbereichen wir uns am wohlsten fühlen. Die Venus-Aspekte geben an, mit was für Menschen wir uns gern umgeben. Wenn du in rückläufiger Venus geboren bist, neigst du vielleicht dazu, deine Beziehungen zu sehr zu analysieren.

Rückläufig: 2-mal alle 3 Jahre
Wechselt das Zeichen alle 3 Wochen – 1 Monat
Vollendet ihre Umlaufbahn in 10–12 Monaten

Domizil: Stier und Waage
Exil: Skorpion und Widder
Erhöhung: Fische
Fall: Jungfrau

Venus in den Sternzeichen

VENUS IM WIDDER
Menschen mit Venus im Widder flirten gern und genießen die anfängliche Eroberungsphase in einer Beziehung, aber es fällt ihnen schwer, ihr Interesse über längere Zeit aufrechtzuerhalten. Sie sind leidenschaftlich und impulsiv und können in Gefühlsdingen etwas rücksichtslos sein.

VENUS IM STIER
Menschen mit Venus im Stier brauchen Sicherheit in ihren Beziehungen. Sie sind ruhig und liebevoll, aber auch rational und suchen daher nach einem Partner, der ihnen nicht zu viel Kopfzerbrechen bereitet, sie gern verwöhnt und mit Aufmerksamkeit überschüttet.

VENUS IN DEN ZWILLINGEN
Menschen mit Venus in den Zwillingen sind in emotionaler Hinsicht etwas sprunghaft und fühlen sich stark zu Menschen hingezogen, die für sie auf intellektueller oder geistiger Ebene interessant sind. Es fällt ihnen schwer, sich zu trennen oder drastische Entscheidungen zu treffen.

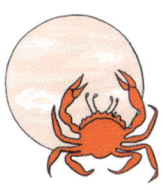

VENUS IM KREBS
Menschen mit Venus im Krebs zeichnen sich durch ihre Sensibilität aus. Sie gehen unter Umständen Liebesbeziehungen zu Menschen ein, die Schutz oder Fürsorge brauchen, statt ihren Partner aufgrund gegenseitiger Anziehung zu wählen.

VENUS IM LÖWEN
Menschen mit Venus im Löwen können liebevoll und anhänglich sein, aber sie brauchen einen Partner, der das (zumindest) erwidert. Wenn nicht, verlieren sie schnell das Interesse. Sie sind meist selbstbewusst und flirten gern.

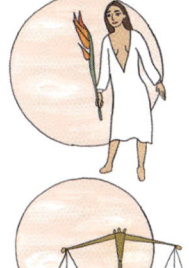

VENUS IN DER JUNGFRAU
Menschen mit Venus in der Jungfrau rationalisieren ihre Gefühle oft und lassen sich nicht von romantischen Impulsen oder unkontrollierten Leidenschaften mitreißen. Sie brauchen Sicherheit, sind aber anspruchsvoll und bleiben daher oft allein.

VENUS IN DER WAAGE
Menschen mit Venus in der Waage streben in ihren Beziehungen vor allem nach Harmonie, was dazu führen kann, dass sie ihre Gefühle nicht offen zeigen, weil sie befürchten, einen Konflikt auszulösen.

VENUS IM SKORPION
Menschen mit Venus im Skorpion erleben intensive Liebes- und Hassgefühle; sie fühlen sich leicht verletzt oder enttäuscht, können Menschen mit starker Anziehungskraft aber nicht widerstehen. Es kann zu Eifersucht oder Machtkämpfen kommen.

VENUS IM SCHÜTZEN
Menschen mit Venus im Schützen sind eher freiheitsliebend und wollen sich nicht binden. Sie fühlen sich zu – ebenfalls unabhängigkeitsliebenden – philosophischen Menschen oder Personen aus anderen Ländern hingezogen.

VENUS IM STEINBOCK
Menschen mit Venus im Steinbock können emotional sehr verschlossen sein. Einerseits geben sie sich nicht mit jedem ab (sie brauchen ihren Freiraum), andererseits verlangen sie in einer Beziehung viel Intensität, Aufmerksamkeit und Zuwendung.

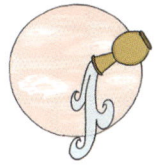

VENUS IM WASSERMANN
Menschen mit Venus im Wassermann fliehen in ihren Beziehungen vor Fesseln und fühlen sich zu unkonventionellen, coolen und extravaganten Menschen hingezogen, mit denen sie eine enge Bindung eingehen können. Sie sind überhaupt nicht eifersüchtig (wenn ihr Mond dem nicht widerspricht).

VENUS IN DEN FISCHEN
Menschen mit Venus in den Fischen sind lieb, zärtlich, hingebungsvoll und oft ganz vernarrt in ihre Partner: Sie neigen dazu, sie zu idealisieren, und sind daher anfällig für Enttäuschungen. Außerdem kann es ihnen schwerfallen, Grenzen zu setzen, was sie erst lernen müssen.

Mars

Mars ist der römische Gott des Krieges. Sein griechisches Pendant ist Ares. Mars regiert die Gewalt und den sexuellen Trieb. Das Sternzeichen Widder bestimmt nicht nur, wie wir Konflikten begegnen, sondern auch, wie wir uns sexuell entwickeln. Wenn du im rückläufigen Mars geboren bist, wirst du abwechselnd sehr aktiv und ziemlich erschöpft sein.

Rückläufig: 2-mal alle 3 Jahre
Wechselt das Zeichen ungefähr alle 2 Monate
Vollendet seine Umlaufbahn in ungefähr 2 Jahren

Domizil: Widder und Skorpion
Exil: Waage und Stier
Erhöhung: Steinbock
Fall: Krebs

Mars in den Sternzeichen

MARS IM WIDDER
Menschen mit Mars im Widder sind nicht per se gewalttätig, aber impulsiv und aktiv und haben jede Menge Energie. Sie scheuen sich nicht, den ersten Schritt in einer Beziehung zu tun, bleiben aber meist nicht lange interessiert. In sexueller Hinsicht sind sie feurig und leidenschaftlich.

MARS IM STIER
Menschen mit Mars im Stier sind ausgeglichen, wenn andere Planeten dem nicht zuwiderlaufen, und gehen Konflikten aus dem Weg. Ihre Entscheidungen sind wohlüberlegt, und sie sind standhaft, wenn sie sich etwas vorgenommen haben. In sexueller Hinsicht sind sie recht konventionell.

MARS IN DEN ZWILLINGEN
Die Haupteigenschaft solcher Menschen ist die Neugier: Sie experimentieren und spielen im sexuellen Bereich gern. Die Kommunikation mit dem Partner ist ebenfalls sehr wichtig; auf intellektueller Ebene müssen die Funken sprühen.

MARS IM KREBS

Menschen mit Mars im Krebs durchleben immer wieder die gleiche Situation, egal ob sie vor einem Problem stehen, sich streiten oder eine Beziehung beginnen: Es fällt ihnen schwer, das Emotionale vom Rationalen oder Körperlichen zu trennen. Sie lassen sich in allen Entscheidungen von ihrem Herzen leiten.

MARS IM LÖWEN

Menschen mit Mars im Löwen können attraktiv, wagemutig, witzig und impulsiv sein. Sie wollen bewundert und anerkannt werden, können aber auch sehr stolz sein. In sexueller Hinsicht sind sie leidenschaftlich und zärtlich zugleich.

MARS IN DER JUNGFRAU

Wenn sie vor einer Entscheidung stehen, analysieren Menschen mit Mars in der Jungfrau oft alles ein wenig zu sehr. Sie sind sowohl in der Liebe als auch in körperlicher Hinsicht etwas schüchtern. Sie brauchen Garantien und viel Vertrauen, um ein bisschen lockerer zu werden und zu genießen.

MARS IN DER WAAGE

Menschen mit Mars in der Waage suchen nach Menschen, bei denen sie sich ausgeglichen fühlen, die kultiviert und nicht zu ernsthaft sind. Sie schrecken vor Konflikten zurück und zeigen ihre Absichten oder Bedürfnisse daher vielleicht nicht ganz offen.

MARS IM SKORPION

Menschen mit Mars im Skorpion sind sexuell aktiv, attraktiv, feurig, geheimnisvoll und charismatisch und entfachen große Leidenschaften. Sie sind selbstbewusste Menschen, die sich ihre Partner aussuchen; außerdem sind sie entschlossen und gefühlsbetont.

MARS IM SCHÜTZEN

Menschen mit Mars im Schützen suchen inspirierende Beziehungen; sie sind neugierig und wollen ein möglichst freies Leben führen. Außerdem sind sie direkt und neigen zu Impulsivität. Sie suchen normalerweise keine feste Bindung.

MARS IM STEINBOCK

Menschen mit Mars im Steinbock sind selbstbewusst, stark und unabhängigkeitsliebend, aber sobald sie sich binden, brauchen sie viel Aufmerksamkeit, sind sehr gehemmt und haben Angst, zurückgewiesen zu werden. Sie sind traditionsbewusst und entschlossen.

MARS IM WASSERMANN

Menschen mit Mars im Wassermann sind originell und charismatisch. Sie fühlen sich von Fremdem oder Andersartigem angezogen und ihr Verhalten ist recht eigenartig. In Beziehungen sind sie unberechenbar: Sie haben gern Spaß, legen sich aber nicht vollständig fest.

MARS IN DEN FISCHEN

Ähnlich wie die Menschen mit Mars im Krebs vermischen auch Menschen mit Mars in den Fischen oft Herz und Verstand. Sie sind Träumer und fühlen sich zu mystischen oder tiefgründigen Menschen hingezogen. Das Emotionale und das Sexuelle gehen bei ihnen Hand in Hand.

Jupiter

Jupiter ist der römische Gott, der dem griechischen Zeus entspricht. Der Planet Jupiter steht für Geselligkeit: wie wir zu anderen Menschen in Beziehung treten und unseren Horizont erweitern. Normalerweise haben alle Menschen, die im gleichen Jahr geboren sind, den gleichen Geburts-Jupiter. Das Haus, in dem Jupiter steht, sagt uns, in welche Bereiche wir uns ausdehnen wollen; die Aspekte erklären, was unserem Leben einen Sinn gibt.

Rückläufig: nicht jedes Jahr, ungefähr alle 13 Monate (Rückläufigkeit dauert fast 4 Monate) Wechselt das Zeichen ungefähr jedes Jahr Vollendet seine Umlaufbahn in 12 Jahren

Domizil: Schütze und Fische
Exil: Zwillinge und Jungfrau
Erhöhung: Krebs
Fall: Steinbock

Jupiter in den Sternzeichen

JUPITER IM WIDDER
Menschen mit Jupiter im Widder sind selbstbewusst, mutig, kühn, wollen unbedingt vorankommen und sind begierig darauf, in die Welt hinauszugehen, um Entdeckungen zu machen und zu erfahren, wer sie sind.

JUPITER IM STIER
Menschen mit Jupiter im Stier suchen sowohl im Materiellen als auch im Geistigen oder Intellektuellen nach Stabilität. Ihre Werte sind eher konservativ. Sinnlicher Genuss ist für sie wichtig.

JUPITER IN DEN ZWILLINGEN
Für Menschen mit Jupiter in den Zwillingen ist es wichtig, sich Wissen anzueignen und weiterzugeben. Kommunikation ist ein wichtiges Thema, ebenso wie Neugier.

JUPITER IM KREBS
Menschen mit Jupiter im Krebs zeichnen sich durch einen sensiblen und mitfühlenden Umgang mit der Welt aus. Ihre Werte beruhen auf Tradition.

JUPITER IM LÖWEN
Für Menschen mit Jupiter im Löwen ist persönliche Anerkennung sehr wichtig. Sie haben feste Überzeugungen, die sie mit großem Nachdruck zum Ausdruck bringen, neigen aber dazu, sich auf die Meinung anderer zu verlassen.

JUPITER IN DER JUNGFRAU
Menschen mit Jupiter in der Jungfrau sind nicht nur detailgenau, analytisch und akribisch, sondern finden es auch wichtig, anderen zu dienen, nützlich zu sein und zum kollektiven Wohl beizutragen.

JUPITER IN DER WAAGE
Menschen mit Jupiter in der Waage streben nach Harmonie und Gerechtigkeit und erreichen dies durch Reformen und durch ihre Sensibilität. Diese Sensibilität kann aber auch dazu führen, dass sie unentschlossen sind und keine wirklichen Prozesse anstoßen.

JUPITER IM SKORPION
Menschen mit Jupiter im Skorpion suchen Beziehungen durch tiefgreifende Veränderung und Transformation. Sie interessieren sich für das Okkulte und Tabuisierte und werden in ihrem Leben eine starke innere Wandlung durchlaufen.

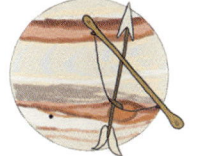

JUPITER IM SCHÜTZEN
Bei Menschen mit Jupiter im Schützen ist die soziale Identität von Expansion, Ideenaustausch, kulturellem Austausch und physischen, philosophischen und geistigen Reisen geprägt.

JUPITER IM STEINBOCK
Menschen mit Jupiter im Steinbock sind ihre Stellung in der Gesellschaft, ihr Status und ihr Erfolg wichtig. Sie forschen unablässig und streben danach, sich weiterzubilden, bis sie eine eigene, klar definierte Identität erlangt haben.

JUPITER IM WASSERMANN
Menschen mit Jupiter im Wassermann sind Revolutionäre und schaffen Meilensteine in ihrer Generation. Sie müssen sich von anderen unterscheiden, aber in einer Rolle, die der Mehrheit der Menschen zugutekommt. Toleranz ist der Schlüssel dazu.

JUPITER IN DEN FISCHEN
Menschen mit Jupiter in den Fischen zeichnen sich durch soziale Sensibilität und Empathie aus, was dazu führt, dass sie sich in sozialer und humanitärer Hinsicht engagieren. Außerdem sehen sie die Welt aus einer idealistischen Perspektive.

Saturn

Saturn ist einer der ersten Götter und wird mit dem Vergehen der Zeit in Verbindung gebracht. Er ist der Vater von Zeus und anderen wichtigen Göttern. Der Planet Saturn ist – wie Jupiter – ein sozialer Planet. Er steht für Verantwortung, Ausdauer und Reife. Da er für seine Umlaufbahn fast 30 Jahre braucht, wird die Zeit im Leben, in der Saturn zu seiner Position bei unserer Geburt zurückkehrt, als »Saturn-Wiederkehr« bezeichnet. Das ist ein Zeitpunkt der Innenschau und der Zielsetzung für die nächsten Jahre, aber auch der richtige Moment, um zu überprüfen, wo wir gerade stehen.

Rückläufig: 3-mal pro Jahr
Wechselt das Zeichen ungefähr alle 2 ½ Jahre
Vollendet seine Umlaufbahn in 29 ½ Jahren

Domizil: Steinbock und Wassermann
Exil: Krebs und Löwe
Erhöhung: Waage
Fall: Widder

Saturn in den Sternzeichen

SATURN IM WIDDER
Menschen mit Saturn im Widder werden oftmals recht spät reif. Sie müssen lernen, Geduld und Verantwortung zu entwickeln, und es fällt ihnen möglicherweise schwer, Befehle zu befolgen.

SATURN IM STIER
Im Gegensatz zu Saturn im Widder sind Menschen mit Saturn im Stier eher konservativ. Sie sind bereits in jungen Jahren reif, etwas materialistisch und sparsam, horten gern Güter und Besitztümer und können ein bisschen habgierig sein.

SATURN IN DEN ZWILLINGEN
Menschen mit Saturn in den Zwillingen legen großen Wert auf das Recht, ihre Meinung zu äußern. Sie haben Angst davor, sich zurückhalten zu müssen oder sich nicht frei äußern zu können.

SATURN IM KREBS
Menschen mit Saturn im Krebs sind eher introspektiv und emotional. Sie leiden manchmal unter Schüchternheit oder darunter, ihre Gefühle nicht ausdrücken zu können.

SATURN IM LÖWEN
Menschen mit Saturn im Löwen sind zwar gesellig, leiden aber möglicherweise unter Selbstwertproblemen, wenn es ihnen nicht gelingt, in ihrem Arbeitsbereich oder in der Gesellschaft etwas zu bewirken oder einen wichtigen Beitrag zu leisten.

SATURN IN DER JUNGFRAU
Menschen mit Saturn in der Jungfrau haben das Bedürfnis, ihr gesamtes Umfeld zu kontrollieren. Wenn sie nicht zufrieden sind, können sie übermäßig kontrollsüchtig oder perfektionistisch sein und sich in Details verlieren.

SATURN IN DER WAAGE
Menschen mit Saturn in der Waage interessieren sich mehr für das Kollektiv als für den Individualismus. Sie sind rücksichtsvoll, aber ihre Unentschlossenheit kann dazu führen, dass sie ihre Ziele nicht erreichen und dann unzufrieden sind. Sie streben nach Bedeutsamkeit.

SATURN IM SKORPION
Menschen mit Saturn im Skorpion haben normalerweise Probleme mit Bindungen, sowohl in materieller als auch in emotionaler Hinsicht. Sie fühlen sich unsicher und neigen zur Habgier.

SATURN IM SCHÜTZEN
Menschen mit Saturn im Schützen müssen aus ihrer Komfortzone herauskommen – wenn es ihnen nicht gelingt, sich in dieser Hinsicht selbst zu verwirklichen, fühlen sie sich oft in Routinen und Verpflichtungen gefangen.

SATURN IM STEINBOCK
Menschen mit Saturn im Steinbock sind so ehrgeizig, dass sie zu Exzessen neigen und rücksichtslos werden können, um Erfolg zu haben.

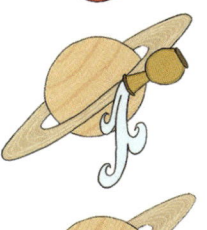

SATURN IM WASSERMANN
Menschen mit Saturn im Wassermann können das Gefühl haben, anders – eine Art Außenseiter – zu sein. Das kann dazu führen, dass sie sich ausgeschlossen oder allein fühlen.

SATURN IN DEN FISCHEN
Für Menschen mit Saturn in den Fischen besteht das größte Risiko darin, anderen eine höhere Priorität einzuräumen als sich selbst; sie sind oft auch unsicher und ängstlich. Die Einsamkeit macht ihnen Angst, ebenso wie das Gefühl, nicht geliebt zu werden.

Uranus

Uranus war in der Mythologie einer der Ur-Titanen. Er verkörperte den Himmel und war der Ehemann von Gaia. In der Astrologie gilt Uranus als einer der überpersönlichen oder geistigen Planeten. Er regiert alles, was mit Rebellion, Innovation, wissenschaftlichem und kulturellem Fortschritt, Originalität und dem Bruch mit dem Alten oder Traditionellen zu tun hat. Das Haus, in dem Uranus in unserem Horoskop steht, verrät uns, in welchem Bereich unseres Lebens wir kreativ oder rebellisch sein werden. Die Planeten, die Aspekte mit Uranus bilden, werden diesem Persönlichkeitszug einen besonders rebellischen Touch verleihen.

Domizil: Wassermann
Exil: Löwe
Erhöhung: Skorpion
Fall: Stier

Wenn Uranus rückläufig ist, haben wir möglicherweise das Bedürfnis zu prüfen, wo wir feststecken und wie wir effektiv zum Gemeinwohl beitragen können. Die Rückläufigkeit dauert etwa vier Monate, sodass wir Zeit haben, alles zu überprüfen. Sobald er wieder direktläufig wird, können wir Einstellungen ändern, die uns nicht mehr dienlich sind.

Uranus in den Sternzeichen

URANUS IM WIDDER
Menschen mit Uranus im Widder sind risikofreudig, abenteuerlustig, begeisterungsfähig und freuen sich über Veränderungen. Es kann sein, dass sie sich voreilig und unüberlegt in Ereignisse hineinstürzen.

URANUS IM STIER
Menschen mit Uranus im Stier sind auf der Suche nach materiellen und wirtschaftlichen Dingen. Um wirtschaftliche Stabilität und Ruhe zu finden, ist Innovation gefragt.

URANUS IN DEN ZWILLINGEN
Uranus in den Zwillingen weckt großen Forschergeist. Solche Menschen wollen innovative, aber zielgerichtete Wege finden, um möglichst viele Türen zu öffnen. Sie vertiefen sich nicht in ein einziges Thema, sondern eröffnen viele neue Möglichkeiten.

URANUS IM KREBS

Uranus im Krebs führt zu einem Ungleichgewicht in unserer inneren Welt, in unseren Gefühlen, das uns dazu einlädt, uns neu zu erfinden und unser emotionales Gleichgewicht auf eine andere Weise zu finden, als wir es gewohnt sind.

URANUS IM LÖWEN

Uranus im Löwen schickt uns auf eine echte (vielleicht auch etwas egoistische) Suche nach uns selbst. Menschen mit Uranus im Löwen wollen frei und authentisch sein.

URANUS IN DER JUNGFRAU

Bei Uranus in der Jungfrau spielt Innovation am Arbeitsplatz eine wichtige Rolle. Solche Menschen wollen neue Wissensgebiete erforschen und herausfinden, wie man effektiver und produktiver arbeiten kann.

URANUS IN DER WAAGE

Bei Uranus in der Waage geht es um zwei wichtige Themen: zum einen um emotionale Unabhängigkeit und die Suche nach Gleichgewicht im Alleinsein, zum anderen um Innovation im Hinblick auf Recht und Gerechtigkeit.

URANUS IM SKORPION

Uranus im Skorpion bewirkt tiefe, transformative mentale und emotionale Veränderungen – drastische Veränderungen in Religion, Dogmen oder Spiritualität.

URANUS IM SCHÜTZEN

Bei Uranus im Schützen geht es um das Überschreiten von Grenzen, um neue Philosophien und Ideen. Er lehnt alles Alte ab und hat ein Bedürfnis nach Freiheit, wodurch eine tiefgreifende Transformation erreicht wird.

URANUS IM STEINBOCK

Mit Uranus im Steinbock werden Machtstrukturen, soziale und wirtschaftliche Normen infrage gestellt. Machtkämpfe, soziale und berufliche Veränderungen sind zentrale Themen dieser Konstellation.

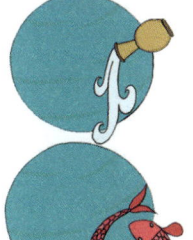

URANUS IM WASSERMANN

Im Wassermann befindet sich Uranus in seinem Domizil. Idealismus und Gruppenaktionen werden begünstigt, und individuelle Bemühungen geraten eher ins Stocken. Diese Menschen sind fortschrittlich und aufgeschlossen und blicken in die Zukunft.

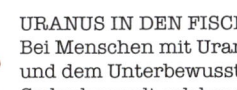

URANUS IN DEN FISCHEN

Bei Menschen mit Uranus in den Fischen entsteht aus dem schöpferischen Impuls und dem Unterbewusstsein die Saat des Wandels. Intuitiv steigen Ideen in der Gedankenwelt solcher Menschen auf, ohne konkretisiert zu werden. Alles Künstlerische und Geistige wird begünstigt.

Neptun war in der römischen Mythologie der Gott der Meere; die griechische Entsprechung dazu ist Poseidon. Neptun regiert alles, was mit dem Unterbewussten, Intuitiven, Künstlerischen und Traumhaften zu tun hat. Außerdem wird er mit Empathie, spiritueller Vereinigung und in gewissem Maß auch mit Realitätsflucht assoziiert. (Das kann auch zu Suchtmittelmissbrauch führen.) Neptun verbringt etwa 15 Jahre in jedem Tierkreiszeichen, sodass er eine ganze Generation beeinflusst.

Das Haus, in dem Neptun in unserem Horoskop steht, verrät uns, welche Lebensbereiche wir vielleicht verwirrend finden, und die Aspekte anderer Planeten mit Neptun geben uns einen tieferen Einblick in die Themen, für die diese Planeten stehen.

Domizil: Fische
Exil: Jungfrau
Erhöhung: Krebs
Fall: Steinbock

Neptun in den Sternzeichen

NEPTUN IM WIDDER
Die Kreativität und Vorstellungskraft des Widders sind von Impulsen und plötzlichen Eingebungen geprägt. Wenn die Konfrontation zwischen der Realität und der Fantasie des Widders zu stark ist, wird er sich heftig wehren.

NEPTUN IM STIER
Mit Neptun im Stier findet man seine Inspiration und seine Ideale im Alltag, in der Routine und in der Sicherheit. Er verleiht ein starkes, intuitives Gespür im Umgang mit anderen Menschen; seine Intuition ist aber auch auf materielle Bedürfnisse ausgerichtet.

NEPTUN IN DEN ZWILLINGEN
Neptun in den Zwillingen manifestiert sich als intellektualisierte Intuition. Diese Menschen sind kreativ, kommunikativ und kooperativ.

NEPTUN IM KREBS

Bei Neptun im Krebs zeigt sich eine extreme Sensibilität, die jedoch intuitiv nach Sicherheit und Geborgenheit strebt. Diese Menschen sind auf künstlerischen Gebieten sehr produktiv, aber ängstlich, wenn es darum geht, sich der rauen Wirklichkeit zu stellen.

NEPTUN IM LÖWEN

Neptun im Löwen begünstigt eine aktive, konzentrierte Intuition, die nach kreativen Impulsen und deren Wirkung auf andere Menschen sucht. Er begünstigt die Verwirklichung von Ideen.

NEPTUN IN DER JUNGFRAU

Neptun in der Jungfrau neigt zu einem gewissen Widerstand gegen Träume, Inspiration und das Künstlerische. Solche Menschen haben das Bedürfnis, Gefühle zu rationalisieren und in »Schubladen« zu stecken.

NEPTUN IN DER WAAGE

Mit Neptun in der Waage verwirklicht sich der maximale Ausdruck des Künstlerischen in Form von Symmetrie und Schönheit. Idealismus äußert sich in Form von Gerechtigkeit, Ausgewogenheit und Harmonie.

NEPTUN IM SKORPION

Neptun im Skorpion dringt in die menschliche Psyche ein. Seine Kreativität ist chaotisch, intensiv, aber mit der großartigen Fähigkeit, grundlegende existenzielle Wahrheiten zu erforschen.

NEPTUN IM SCHÜTZEN

Bei Neptun im Schützen liegt das Interesse in der spirituellen Suche nach Antworten, aber in einem viel cooleren und hipperen Sinn als beim Skorpion. Inspiration wird hier in der Welt gefunden.

NEPTUN IM STEINBOCK

Diese Menschen verfügen über viele kreative Fähigkeiten, aber sie sind auf ein Ziel ausgerichtet, sei es wirtschaftlicher Wohlstand, sozialer Erfolg oder Produktivität auf einem bestimmten Gebiet.

NEPTUN IM WASSERMANN

Neptun im Wassermann fokussiert seine Kreativität auf individualistische Art und Weise, aber mit der Absicht, Einfluss auf die Gesellschaft oder auf eine Gruppe auszuüben. Künstlerische und spirituelle Innovation sind wichtige Themen.

NEPTUN IN DEN FISCHEN

Obwohl Fische das Domizil des Neptuns sind, stärken die Unklarheit und Verworrenheit dieses Planeten und dieses Zeichens zwar die Kreativität, aber es mangelt am Willen zur Umsetzung. Es besteht die Gefahr der Idealisierung und Realitätsflucht.

Pluto

In der römischen Mythologie ist Pluto der Gott der Unterwelt; sein griechisches Äquivalent ist Hades. Beim Planeten Pluto geht es um unsere tiefgründigsten Themen: Leben, Tod, Transformation, Befreiung, zu Ende gehende Zyklen, Leid, Sex und Tabus, das Verbotene und das, was uns auf einer tieferen Ebene Angst macht. Das Haus, in dem Pluto in unserem Geburtshoroskop steht, verrät uns, in welchem Bereich wir uns am meisten vor Veränderungen fürchten. Die Aspekte des Pluto fordern uns dazu heraus, Themen in unser Leben zu integrieren, die anfangs vielleicht schwierig für uns sind.

Domizil: Skorpion
Exil: Stier
Erhöhung: Fische
Fall: Jungfrau

Pluto in den Sternzeichen

PLUTO IM WIDDER
Mit Pluto im Widder äußert sich der Wunsch nach Veränderung impulsiv, gefühlsbetont und radikal, manchmal sogar gedankenlos und gewalttätig, aber es kann an Entschlossenheit fehlen, das Begonnene zu Ende zu bringen.

PLUTO IM STIER
Menschen mit Pluto im stabilen Zeichen Stier haben Angst davor, diese Stabilität zu verlieren – sowohl in materieller und finanzieller als auch in emotionaler Hinsicht –, und es fällt ihnen schwer, sich auf Veränderungen einzustellen.

PLUTO IN DEN ZWILLINGEN
Menschen mit Pluto in den Zwillingen haben ein starkes Bedürfnis nach Offenheit – ein Bedürfnis, sich auszudrücken und alles, was ihr Wesen ausmacht, mit anderen zu teilen. Mit der Innenschau haben sie Probleme. Oft machen sie Phasen der Einsamkeit durch.

PLUTO IM KREBS

Mit Pluto im Krebs entsteht ein Zwiespalt: Einerseits besteht eine starke Verbindung zu dem, was man kennt (Menschen, Familie, die Mutter), andererseits führen all diese vertrauten Aspekte zu Konfrontationen.

PLUTO IM LÖWEN

Pluto im Löwen verleiht den Menschen eine starke Anziehungskraft, Charisma und Kampfeslust. Sie sind jedoch individualistisch und sehr konkurrenzorientiert. Diese Eigenschaften können sich gegen sie selbst richten.

PLUTO IN DER JUNGFRAU

Bei Menschen mit Pluto in der Jungfrau kann die Detailbesessenheit so groß sein, dass sie den Wald vor lauter Bäumen nicht sehen. Am Arbeitsplatz kann es zu tiefgreifenden Veränderungen kommen.

PLUTO IN DER WAAGE

Pluto in der Waage erzeugt einen Wunsch nach Perfektion, der dazu führen kann, dass man versucht, Menschen oder Situationen zu verändern, statt sie zu akzeptieren. Das kann zu einem großen Ungleichgewicht führen.

PLUTO IM SKORPION

Mit Pluto im Skorpion werden die Veränderungen schmerzhaft, tiefgreifend und notwendig. Aus dem Tod entsteht ein neues Leben, wie beim Phönix. Diese Menschen haben ein Talent dafür, verbotene Themen zu erforschen.

PLUTO IM SCHÜTZEN

Menschen mit Pluto im Schützen haben ein grundlegendes Bedürfnis danach, neue Ideen, Werte und Überzeugungen zu entdecken und kennenzulernen, oft auch im Ausland. Diese Suche ist für die Entwicklung solcher Menschen unerlässlich.

PLUTO IM STEINBOCK

Menschen mit Pluto im Steinbock sind entschlossen, sich zu verbessern und ihre Ziele zu erreichen, und sie neigen zum Materialismus (in seinen positiven, aber auch negativen Aspekten).

PLUTO IM WASSERMANN

Menschen mit Pluto im Wassermann reißen durch Rebellion und Originalität die archaischsten, starrsten und konventionellsten Strukturen nieder. Sie nehmen an großen Revolutionen und sozialen Kämpfen teil.

PLUTO IN DEN FISCHEN

Pluto in den Fischen bringt Menschen hervor, die innerlich tief mit Magie und Mystik verbunden sind. Diese Menschen verfügen über großes Einfühlungsvermögen, sind verträumt und idealistisch.

Der Aszendent
(und Deszendent)

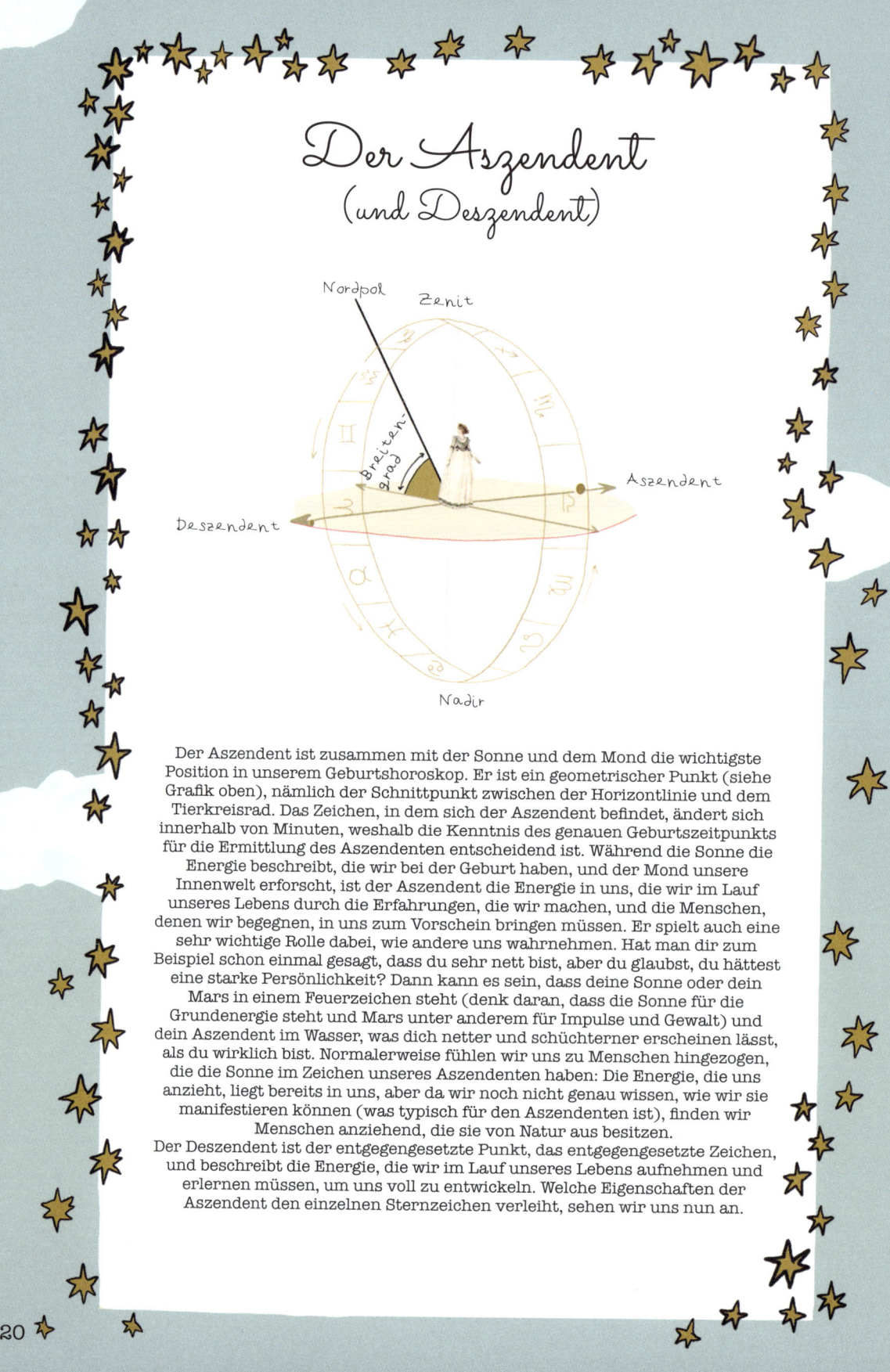

Der Aszendent ist zusammen mit der Sonne und dem Mond die wichtigste Position in unserem Geburtshoroskop. Er ist ein geometrischer Punkt (siehe Grafik oben), nämlich der Schnittpunkt zwischen der Horizontlinie und dem Tierkreisrad. Das Zeichen, in dem sich der Aszendent befindet, ändert sich innerhalb von Minuten, weshalb die Kenntnis des genauen Geburtszeitpunkts für die Ermittlung des Aszendenten entscheidend ist. Während die Sonne die Energie beschreibt, die wir bei der Geburt haben, und der Mond unsere Innenwelt erforscht, ist der Aszendent die Energie in uns, die wir im Lauf unseres Lebens durch die Erfahrungen, die wir machen, und die Menschen, denen wir begegnen, in uns zum Vorschein bringen müssen. Er spielt auch eine sehr wichtige Rolle dabei, wie andere uns wahrnehmen. Hat man dir zum Beispiel schon einmal gesagt, dass du sehr nett bist, aber du glaubst, du hättest eine starke Persönlichkeit? Dann kann es sein, dass deine Sonne oder dein Mars in einem Feuerzeichen steht (denk daran, dass die Sonne für die Grundenergie steht und Mars unter anderem für Impulse und Gewalt) und dein Aszendent im Wasser, was dich netter und schüchterner erscheinen lässt, als du wirklich bist. Normalerweise fühlen wir uns zu Menschen hingezogen, die die Sonne im Zeichen unseres Aszendenten haben: Die Energie, die uns anzieht, liegt bereits in uns, aber da wir noch nicht genau wissen, wie wir sie manifestieren können (was typisch für den Aszendenten ist), finden wir Menschen anziehend, die sie von Natur aus besitzen.

Der Deszendent ist der entgegengesetzte Punkt, das entgegengesetzte Zeichen, und beschreibt die Energie, die wir im Lauf unseres Lebens aufnehmen und erlernen müssen, um uns voll zu entwickeln. Welche Eigenschaften der Aszendent den einzelnen Sternzeichen verleiht, sehen wir uns nun an.

Der Aszendent in den Sternzeichen

Der Aszendent Widder weist auf gesellige Menschen mit Temperament hin, die etwas ungeduldig und nervös sind. Der Deszendent Waage zeigt, dass diese Menschen lernen müssen, ausgeglichener zu sein und Harmonie in ihren Beziehungen zu suchen.

Der Aszendent Stier beschreibt Menschen, die viel ruhiger und sanftmütiger wirken, als sie es im Inneren sind. Diese Menschen sind sehr anhänglich. Der Deszendent Skorpion lehrt sie, loszulassen und zu verzeihen.

Der Aszendent Zwillinge weist auf ruhelose und etwas zerstreute Menschen hin. Sie haben Freude an guten Gesprächen. Der Deszendent Schütze zeigt, dass sie nach dem Sinn der Dinge suchen sollten.

Der Aszendent Krebs lässt Menschen liebevoll, zurückhaltend und sensibel, aber reizbar erscheinen. Der Deszendent Steinbock deutet darauf hin, dass diese Menschen rationaler und pragmatischer sein sollten.

Der Aszendent Löwe beschreibt freimütige, charismatische Menschen, obwohl sie sich selbst nicht als solche wahrnehmen. Der Deszendent Wassermann zeigt ihnen, wie wichtig es ist, sich auf das Kollektiv zu konzentrieren.

Der Aszendent Jungfrau lässt Menschen zurückhaltend, ruhig und systematisch erscheinen. Der Deszendent Fische weist sie auf den Wert von Sensibilität, Emotionen und Einfühlungsvermögen hin.

Der Aszendent Waage lässt Menschen nach Harmonie in ihren Beziehungen und ihrer Umgebung streben. Der Deszendent Widder zeigt ihnen, wie wichtig es ist, furchtlos ihre Meinung zu äußern und anderen Menschen Grenzen aufzuzeigen.

Der Aszendent Skorpion lässt Menschen etwas geheimnisvoll erscheinen. Der Deszendent Stier zeigt ihnen, dass sie sich mit der Ungewissheit versöhnen müssen, um in ihren Beziehungen nicht in Materialismus und Nützlichkeitsdenken zu verfallen.

Durch den Aszendent Schütze fühlt man sich zu Abenteuern hingezogen und erscheint sorglos und sogar etwas chaotisch. Der Deszendent Zwillinge ermutigt die Menschen, nicht in Fanatismus zu verfallen und Toleranz zu üben.

Menschen mit Aszendent Steinbock wirken ernster und disziplinierter, als sie sind. Sie fühlen sich zu förmlichen, traditionsbewussten Menschen hingezogen. Der Deszendent Krebs lädt sie dazu ein, mit ihrer sensiblen Seite in Kontakt zu kommen und ihrem Zuhause Priorität einzuräumen.

Der Aszendent Wassermann lässt Menschen exzentrisch erscheinen, und sie fühlen sich auch zu anderen Menschen mit dieser Eigenschaft hingezogen. Der Deszendent Löwe verlangt von ihnen, dass sie ihre Selbstbezogenheit ablegen und ein Gleichgewicht zwischen dem Persönlichen und Sozialen herstellen.

Menschen mit Aszendent Fische sind lieb, etwas schüchtern und ahnungslos. Sie haben ein feines Gespür für die Energie um sich herum. Der Deszendent Jungfrau braucht Ordnung, Disziplin und klare Regeln, um sein Potenzial voll entfalten zu können.

Medium Coeli

Das Medium Coeli (MC), auch Himmelsmitte, ist der höchste Punkt unseres Geburtshoroskops, wie in der Grafik oben zu sehen ist, und steht mit dem zehnten Haus in Verbindung (dein MC-Zeichen ist dasjenige, das zum Zeitpunkt deiner Geburt in diesem Haus stand). Das Medium Coeli informiert uns über unser Potenzial und unsere Bestrebungen, die wir je nach unseren Lebensumständen und unserem Bewusstheitsgrad entwickeln können. Mit anderen Worten: Es sagt uns, welchen Weg wir einschlagen müssen, um uns voll zu entfalten und unsere Ziele zu erreichen, vor allem in beruflicher Hinsicht. Natürlich sagt es nicht: »Maria, du musst Ingenieurin werden«, sondern gibt uns eine Vorstellung davon, welche Gebiete für uns vielversprechend sind oder wie wir uns auf sie konzentrieren können. Die Informationen, die das Medium Coeli liefert, können sich auch auf einen eher spirituellen Lebenssinn oder unsere allgemeine Lebenseinstellung beziehen (zum Beispiel. das Bedürfnis, ins Ausland zu gehen, an einem kulturellen Austausch teilzunehmen oder uns mehr darauf zu konzentrieren, ein Zuhause zu schaffen oder uns an einem bestimmten Ort niederzulassen). Die Berufung des Medium Coeli muss in der Gemeinschaft entwickelt werden, also in Zusammenarbeit mit anderen. Die Aspekte des MC können diese Entwicklung begünstigen, beschleunigen, verzögern oder behindern, je nachdem, ob sie positiv oder eher einschränkend sind. Mehr über die Aspekte findest du im Kapitel »Das Geburtshoroskop« (ab S. 134), nachdem du dich mit der Bedeutung der einzelnen Häuser beschäftigt hast; danach erfährst du, wie man das Geburtshoroskop deutet. Wenn deine Sonne und deine Himmelsmitte übereinstimmen, wirst du kein Problem damit haben, deine Bestimmung zu finden – es wird ganz von selbst geschehen.

Das Medium Coeli in den Sternzeichen

Das MC im Widder steht für Führungspositionen, Unternehmertum, Risikobereitschaft und Abenteuer sowie für den Anführer, der neue Wege schafft. Achte auf Sport und körperliche Aktivität.

Das MC im Stier steht für die Beziehung zur Erde, für Tradition, Handwerk, die Bewahrung des Überlieferten und Sensibilität im Umgang mit Menschen, vor allem älteren Leuten und Kindern.

Das MC in den Zwillingen betont Beziehungen zu allen Arten von Menschen und die Auseinandersetzung mit Ideen, wie etwa bei jemandem, der sich auf Kommunikation, Werbung, Öffentlichkeitsarbeit und Journalismus konzentriert.

Das MC im Krebs steht für die Berufung, anderen auf einfühlsame Weise zu helfen, und deutet auf eine Beziehung zur Medizin oder Psychologie hin oder steht ganz allgemein dafür, Freunden, Familie und benachteiligten Menschen zu helfen.

Das MC im Löwen weist auf Unternehmertum und Führungsqualitäten hin, konzentriert sich aber mehr auf Politik oder Themen, die eher mit Charisma als mit Arbeit oder Risiko zu tun haben.

Das MC in der Jungfrau führt normalerweise dazu, dass man ein bestimmtes Thema findet, für das man sich leidenschaftlich interessiert, sodass man seine Bemühungen darauf richtet, auf diesem Gebiet ein Experte zu werden.

Das MC in der Waage steht für das Streben nach Gleichgewicht, Gerechtigkeit und Harmonie, vor allem in Beziehungen, kann aber auch mit Berufen im juristischen Bereich (Richter, Anwälte und so weiter) assoziiert sein.

Das MC im Skorpion weist auf unermüdliche oder sogar besessene Forscher hin, deren Ziel es ist, eine Kunst oder ein bestimmtes Gebiet zu beherrschen. Psychiatrie, Geschichte, Archäologie, Esoterik oder Religion sind relevante Themen.

Das MC im Schützen beschreibt das Bedürfnis, unseren Herkunftsort zu verlassen und die Welt zu sehen, fremde Philosophien zu erforschen, einen Menschen aus einem anderen Kulturkreis zu heiraten oder sich einfach generell anderen Menschen zu öffnen.

Das MC im Steinbock hängt mit der Karriere oder zumindest mit der Organisation und Verwaltung von Ressourcen, mit Problemlösungen und allgemeinen finanziellen Angelegenheiten zusammen.

Das MC im Wassermann beschreibt innovative, einzigartige oder exzentrische Menschen. Sie sind ausgezeichnete Lehrer, die das Interesse ihrer Schüler wecken.

Menschen mit dem MC in den Fischen konzentrieren sich auf künstlerische und psychologische Themen. Ihr Hauptanliegen ist es, das Sensible und Okkulte zu erforschen. Sie sind immer auf der Suche nach dem Spirituellen und der Auseinandersetzung mit eigenen emotionalen Problemen und denen anderer Menschen.

Chiron und andere Himmelskörper ⚷

In der griechischen Mythologie war Chiron ein kultivierter, rücksichtsvoller und eleganter Zentaur, im Gegensatz zu den anderen Zentauren, die ungebildet und unsensibel waren. Der Asteroid Chiron wurde 1977 entdeckt und ist damit eine sehr neue Ergänzung zur Astrologie. Sowohl Chiron als auch die Asteroiden Pallas, Ceres, Vesta und Juno stehen für Teilaspekte, die die Bedeutungen und Implikationen der übrigen Planeten und Aspekte beeinflussen.

Chiron: Weist auf alles hin, was uns Unsicherheit oder Schmerzen bereitet. Er zeigt, wo unsere seelischen Wunden liegen und worauf wir unsere Heilungsbemühungen konzentrieren sollten, um anderen Menschen und vor allem uns selbst zu helfen.

Ceres: Göttin der Landwirtschaft; in der Astrologie steht sie für kurze Prozesse, den Alltag und die Art und Weise, wie wir mit Ressourcen umgehen.

Pallas: Pallas Athene war die griechische Göttin der Strategie, der Keuschheit und der Vernunft. In der Astrologie steht sie für kreative Fähigkeiten und Problemlösungen.

Vesta: Sie ist die Göttin von Heim und Herd und steht für sexuelle Kreativität und das Sich-geborgen-Fühlen in einer Beziehung.

Juno: Römische Göttin der Ehe; sie wird mit festen Bindungen, Eifersucht und Treue in Verbindung gebracht.

✳ Chiron in den Sternzeichen ✳

Unsicherheit. Angst, die Initiative zu ergreifen. Körperliche Komplexe.

Angst, kein Geld oder keine Mittel zu haben. Zweifel an den eigenen Fähigkeiten.

Angst, nicht verstanden zu werden; kein Vertrauen in die eigenen Ideen.

Angst, nicht dazuzugehören; fühlt sich nicht geliebt und wertgeschätzt.

Angst, sich lächerlich zu machen, komisch zu wirken oder keine Freunde zu haben.

Neigung, sich um andere zu kümmern und sich selbst zu vernachlässigen.

Angst vor Bindung, Nähe und Verletzungen.

Angst vor Verlassenwerden oder Verlust, Einsamkeit. Fühlt sich anders als andere Menschen.

Existenzielle Probleme und Angst davor, keinen Sinn im Leben zu finden.

Soziale und wirtschaftliche Unzufriedenheit. Lässt sich leicht beeinflussen

Mangel an eigenem Urteilsvermögen.

Unsicherheit und Angst vor dem Verlassenwerden. Emotionale Abhängigkeit.

Ceres in den Sternzeichen

Unabhängig, entschlossen und selbstständig.

Hat das Bedürfnis, andere zu schützen, zu umsorgen und zu verwöhnen.

Kultiviert den Geist durch Lesen; Lernen ist wichtig.

Hat das Bedürfnis, Liebe zu empfangen und zu geben. Unsicher.

Hohes Selbstwertgefühl; motiviert andere.

Sauber, ordentlich und effizient.

Guter Gruppenkoordinator und Organisator.

Lädt andere dazu ein, tiefer zu graben und zu forschen.

Bringt Menschen bei, sich zu öffnen und von anderen zu lernen.

Schenkt Sicherheit und Vertrauen.

Bringt anderen bei, ohne toxische Bindungen zu lieben.

Lindert seelischen Schmerz und ist hilfsbereit.

Pallas in den Sternzeichen

Impulsiv, schnell und effizient, aber auch leichtsinnig und unbesonnen.

Ruhig und geduldig; sucht nach langfristigen Lösungen.

Vielseitig; hilft anderen Menschen, ihre Probleme selbst zu lösen.

Fokussiert sich auf die Geborgenheit in der Familie und auf emotionale Unterstützung.

Hat das Bedürfnis zu führen und will, dass man ihm gehorcht.

Konzentriert sich auf genau durchdachte Strategien.

Sucht nach fairen, unparteiischen Lösungen.

Hat die Fähigkeit, Rätsel zu lösen und das Verborgene zu entdecken.

Versucht, sich in philosophische Themen zu vertiefen und dieses Wissen mit anderen zu teilen.

Ist ausdauernd und diszipliniert, bis er den besten Ausweg gefunden hat.

Sucht nach utopischen und experimentellen Lösungen.

Entwickelt intuitive Lösungen für subjektive Probleme.

125

Juno in den Sternzeichen

Sucht einen energiegeladenen Partner mit Charakter und Entschlossenheit.

Sucht jemanden, der Wärme und Stabilität bietet.

Fühlt sich von ruhelosem Geist und Intelligenz angezogen.

Schätzt traditionelle Werte und Stabilität.

Sucht einen leidenschaftlichen Partner, der ihn anbetet.

Wünscht sich einen stabilen, zuverlässigen Partner.

Sucht jemanden, der ausgeglichen, harmonisch und schön ist.

Sucht jemanden mit emotionaler Tiefe und Intensität.

Sucht jemanden, der optimistisch, fröhlich und abenteuerlustig ist.

Sucht nach jemandem, der ihm Stabilität gibt.

Der ideale Partner ist unabhängig und originell.

Der ideale Partner ist einfühlsam und idealistisch.

Vesta in den Sternzeichen

Dynamisch; Abneigung gegen Routine.

Kontinuierliche und stabile Bemühungen.

Schnelle Ideen, Brainstorming und Multitasking.

Zärtliche, emotionale Prozesse.

Kann gut Gruppen führen, aber auch allein sein.

Gründlich durchdachte, akribische Prozesse.

Sucht Perfektion in Schönheit und Harmonie.

Intime, tiefgehende und gründliche Arbeit.

Philosophische Suche nach der Wahrheit. Kompromisslos.

Engagement, Hingabe, Beharrlichkeit und Ehrgeiz.

Freier und kreativer Prozess. Etwas chaotisch.

Intuitionsbegabt, fantasievoll und einfallsreich.

✦ 5. Die Häuser

Die Häuser sind in der Astrologie die Lebensbereiche, in denen die Planeten ihren Einfluss entfalten. Wir betrachten sie als zwölf Abschnitte des Tierkreises. Das erste Haus befindet sich an der gleichen Stelle wie der Aszendent, und die weiteren Häuser gehen von dieser Position aus. Wir sehen uns nun an, was jedes Haus bedeutet, und führen im nächsten Kapitel (ab S. 134) schließlich alles bisher Erörterte (Zeichen, Häuser, Planeten und so weiter) zusammen, um unser Geburtshoroskop zu verstehen und Zusammenhänge herstellen zu können. Jetzt wollen wir erst einmal erkunden, für welche Themen die einzelnen Häuser stehen. Wir beginnen mit dem ersten Haus, das mit unserem Identitätsgefühl zu tun hat, und gehen dann der Reihe nach weiter, bis wir das spirituellste (zwölfte) Haus, erreichen, in dem es unter anderem um unseren Platz in der Gesellschaft, um Freunde und Liebesbeziehungen geht.

Das erste Haus steht mit dem Sternzeichen Widder und dem Aszendenten im Zusammenhang. Es beschreibt unser Identitätsgefühl, unser Selbstbild und den ersten Eindruck, den wir erwecken.

Der Aszendent befindet sich immer im ersten Haus; von dort aus sind die Häuser in aufsteigender Reihenfolge verteilt. Wenn du einen Planeten im ersten Haus hast, spielt er eine wichtige Rolle für deine Persönlichkeit.

Sonne im ersten Haus: Eine sehr positive Position, die diesem Menschen Sicherheit und Charisma verleiht. Das Glück begleitet ihn.

Mond im ersten Haus: Die Gefühlswelt dieses Menschen ist reich und hat einen starken Einfluss auf sein Leben. Diese Position kann Menschen eine gewisse Schüchternheit oder Introvertiertheit verleihen.

Merkur im ersten Haus: Das Intellektuelle ist stark ausgeprägt.

Venus im ersten Haus: Für diese attraktiven Menschen ist es wichtig, gemocht zu werden und das Spiel der Liebe zu spielen.

Mars im ersten Haus: Verleiht dem Betreffenden große Entschlossenheit; er kann für zielstrebig und sogar streitlustig gehalten werden.

Saturn im ersten Haus: Führt dazu, dass jemand das Bedürfnis hat, von der Gesellschaft anerkannt zu werden. In sozialen Beziehungen fühlt er sich schnell ausgeschlossen und ist gehemmt.

Jupiter im ersten Haus: Dieser Mensch hebt sich von anderen ab.

Uranus im ersten Haus: Dieser andersartige, innovative und eigentümliche Mensch ist dazu bestimmt, einen neuartigen Einfluss auf die Gesellschaft auszuüben.

Neptun im ersten Haus: Das sind Menschen mit einem feinen Gespür für das Spirituelle oder Unterbewusste.

Pluto im ersten Haus: Dieser Mensch wird im Leben vor großen Herausforderungen stehen, aber siegreich daraus hervorgehen; er hat die Fähigkeit, sich immer wieder neu zu erfinden.

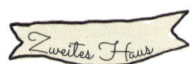

Das zweite Haus entspricht dem Sternzeichen Stier. Dieses Haus gibt Auskunft über die Ressourcen, die wir haben, um unsere Ziele zu erreichen – sowohl in materieller als auch in intellektueller oder sozialer Hinsicht. Es bezieht sich darauf, wie wir mit diesen Mitteln umgehen und ob wir gut organisiert, zerstreut oder faul sind. Das hängt von den Planeten ab, die im zweiten Haus liegen, und davon, in welchem Sternzeichen dieses Haus sich befindet. Ein Horoskop mit mehreren Planeten im zweiten Haus deutet auf jemanden hin, der sehr an materiellen Dingen hängt.

Sonne im zweiten Haus: Um sich erfüllt zu fühlen, muss dieser Mensch ein gewisses Maß an finanzieller und materieller Stabilität erreichen und lernen, sich gut zu organisieren.

Mond im zweiten Haus: Emotionale Sicherheit wird durch einen gewissen Grad an finanzieller Stabilität erreicht.

Merkur im zweiten Haus: Dieser Mensch hat eine praktische und geschäftsorientierte Einstellung.

Venus im zweiten Haus: Bringt Glück in Bezug auf Geld und materielle Dinge.

Mars im zweiten Haus: Kann auf einen habgierigen oder objektorientierten, ungeduldigen und materialistischen Menschen hindeuten.

Saturn im zweiten Haus: Deutet auf jemanden hin, der geizig und davon besessen ist, dass ihm das Geld nie ausgeht.

Jupiter im zweiten Haus: Eine sehr gute Position für materiellen Erfolg; es ist leicht für den Betreffenden, reich zu werden oder viel Geld zu verdienen.

Uranus im zweiten Haus: Kann auf mögliche wirtschaftliche Krisen im Lauf des Lebens hinweisen. Für diesen Menschen wird es schwierig sein, Stabilität zu erreichen.

Neptun im zweiten Haus: Deutet auf jemanden hin, der sich nichts aus materiellen Dingen macht. Er teilt gern.

Pluto im zweiten Haus: Dieser Mensch neigt dazu, Besitztümer zu horten, weil er sich dadurch sicher fühlt.

Das dritte Haus ist dem Zwilling zugeordnet. Es steht für unsere Art der Kommunikation mit den Menschen, die uns am nächsten stehen: Geschwister, enge Freunde oder Nachbarn. Es zeigt auch unsere Art, oberflächliche Beziehungen zu knüpfen, unsere Fähigkeit, Freundschaften zu schließen, und deutet darauf hin, welche Dinge unsere Neugier und unser Interesse wecken. Ein sehr starkes drittes Haus (mit vielen Planeten darin) weist auf Menschen hin, für die enge Netzwerke sehr wichtig sind.

Sonne im dritten Haus: Für diesen Menschen ist es wichtig, sein Selbstverständnis durch Wissen, Lektüre und Intellektualität zu finden.
Mond im dritten Haus: Es fällt diesem Menschen leicht, seine Gefühle mitzuteilen und anderen zu zeigen, was er empfindet.
Merkur im dritten Haus: Das dritte Haus steht im Zeichen der Zwillinge, das von Merkur regiert wird; eine gute Position. Kommunikation und Lernen fallen diesem Menschen leicht.
Venus im dritten Haus: Die Beziehung zu anderen fällt leicht, besonders auf intellektueller Ebene. Geistige Anregung ist wichtig, um eine Liebesbeziehung aufzubauen.
Mars im dritten Haus: Die Vernunft ist die stärkste Waffe dieses Menschen.
Saturn im dritten Haus: Dieser Mensch hat Angst, missverstanden zu werden und seine Gefühle nicht ausdrücken zu können.
Jupiter im dritten Haus: Kommunikation spielt im Berufsleben eine wichtige Rolle.
Uranus im dritten Haus: Deutet auf innovative, originelle Menschen mit großer Kreativität hin.
Neptun im dritten Haus: Beeinflusst die Kreativität in einem spirituellen, traumhaften und sensiblen Sinn.
Pluto im dritten Haus: Die Entdeckung des Verborgenen und Geheimnisvollen sowie geschwisterliche Beziehungen sind für diesen Menschen von großer Bedeutung.

Das vierte Haus steht im Zeichen des Krebses. Es repräsentiert die Verbindung zur Familie, zu Traditionen und Werten. Im Erwachsenenalter spiegelt sich dieses Haus in unserer Partnerwahl wider, denn das vierte Haus vermittelt uns eine Vorstellung davon, in welcher Art von Beziehungen wir uns wohl- und sicher fühlen und welche Vorstellung von Intimität wir von unserer Familie geerbt haben. Ein starkes viertes Haus (mit vielen Planeten darin) weist auf die zentrale Bedeutung der Familie hin.

Sonne im vierten Haus: Dieser Mensch erkennt die Bedeutung der Familie, wenn es darum geht, seine Bestimmung zu finden, sei es im Sinne des familiären Vermächtnisses, der familiären Werte, der Vorfahren oder der eigenen Familie, die er gründet.
Mond im vierten Haus: Dieser Mensch findet seine Zuflucht in Traditionen und im Bekannten und Vertrauten – sowohl im wörtlichen als auch im spirituellen Sinn.
Merkur im vierten Haus: Dieser Mensch hat wahrscheinlich eher konservative Werte. Traditionen sind wichtig für seine geistige Entwicklung.
Venus im vierten Haus: Dieser Mensch neigt zu sehr liebevollen familiären Beziehungen. Er möchte gern eine fürsorgliche Vertrauensperson sein.
Mars im vierten Haus: Ziel dieses Menschen ist es, in einem Konflikt sich selbst und seine Lieben zu schützen.
Saturn im vierten Haus: Dies deutet auf mögliche Konflikte mit familiären Beziehungen hin; der Betroffene muss sich ein Leben außerhalb der Familie aufbauen.
Jupiter im vierten Haus: Ein sehr gutes Haus: Solche Menschen fühlen sich in ihre Familie integriert und legen großen Wert auf diese Bindungen.
Uranus im vierten Haus: Der Betroffene fühlt sich möglicherweise etwas von seiner Familie entfremdet oder distanziert, als wäre er ein Ausgestoßener oder würde nicht so recht dazugehören.
Neptun im vierten Haus: Die Sehnsucht nach der Kindheit oder das Gefühl, dass »früher alles besser war«, kann diese Menschen innerlich auffressen.
Pluto im vierten Haus: Diese Menschen interessieren sich oft für Ahnenforschung oder für das Familienerbe und neigen dazu, »schmutzige Wäsche zu waschen«.

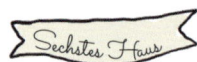

Das fünfte Haus steht mit dem Löwen in Verbindung. Es verdeutlicht, wie wir uns von anderen Menschen abheben wollen, zeigt aber auch, zu welchen Menschen wir uns hingezogen fühlen und wie wir uns in Liebesbeziehungen verhalten. Außerdem steht es für Unschuld, für unsere Innenwelt, dafür, wie wir uns wertgeschätzt fühlen möchten und wie wir anderen unsere Wertschätzung zeigen. Ein starkes fünftes Haus (mit vielen Planeten darin) steht für eine attraktive Person oder jemanden, dem es wichtig ist, auf sinnlicher Ebene gemocht zu werden.

Sonne im fünften Haus: Ein gutes Haus für die Sonne; sie verleiht diesem Menschen Charisma und Erfolg.
Mond im fünften Haus: Menschen mit dieser Konstellation sind ein wenig abhängig von der Anerkennung anderer, vor allem in der Jugend. Sie leben eher in der Außenwelt und vernachlässigen ihre Gefühlswelt.
Merkur im fünften Haus: Ausgeprägte Fähigkeit, vor Publikum zu sprechen; charismatisch und leidenschaftlich bei der Präsentation von Ideen.
Venus im fünften Haus: Dieser Mensch sucht sich Liebespartner, die ihm viel Aufmerksamkeit schenken, und kann in dieser körperlichen Oberflächlichkeit verharren, wenn er nicht gut aspektiert ist.
Mars im fünften Haus: Dieser Mensch ist sehr bestimmt, leidenschaftlich, und kann im Streit sogar heftig werden. Eine starke Position.
Saturn im fünften Haus: Die größten Ängste dieser Menschen hängen damit zusammen, sich nicht anerkannt zu fühlen und zu erkennen, dass sie für andere bedeutungslos sind.
Jupiter im fünften Haus: Eine sehr günstige Position, um sich erfüllt zu fühlen und ohne übermäßige Anstrengung berufliche Anerkennung zu erlangen.
Uranus im fünften Haus: Eine etwas komplizierte Konstellation. Betroffene fühlen sich oft gefangen und sind irgendwie unzufrieden mit ihrem Leben.
Neptun im fünften Haus: Dieser Mensch kann Schwierigkeiten haben, die Realität mit seinen Fantasien und Wünschen in Einklang zu bringen, und ist daher vielleicht etwas verwirrt.
Pluto im fünften Haus: Dieser Mensch neigt dazu, für das Verbotene zu entbrennen, und erlebt im Lauf seines Lebens große Leidenschaften.

Das sechste Haus ist der Jungfrau zugeordnet. Es wird mit zwei Aspekten in Verbindung gebracht: einerseits mit hierarchischen Beziehungen (vom Chef zum Mitarbeiter), andererseits mit Routine, täglicher Arbeit, Ausdauer, Gesundheit und der Art, wie Menschen ihre Lern- und Arbeitszeiten organisieren. Die Planeten in diesem Haus stehen auch für die Gewohnheiten, die unsere Gesundheit beeinflussen.

Sonne im sechsten Haus: Dieser Mensch kann ein erfülltes Leben führen, aber wenn die Position nicht gut aspektiert ist, ist er möglicherweise langweilig oder hat keine großen Ambitionen.
Mond im sechsten Haus: Diese Menschen fühlen sich in Routinen, den kleinen Dingen des Lebens, der Ordnung und einer Existenz ohne große Veränderungen sicher und zu Hause.
Merkur im sechsten Haus: Dieser Mensch konzentriert sich normalerweise auf seine Ziele. Zu seinen Stärken gehören Organisation und schriftliche Kommunikation.
Venus im sechsten Haus: Dieser Mensch sucht in seinen emotionalen Bindungen täglich nach Liebe; turbulente Leidenschaften können ihn destabilisieren.
Mars im sechsten Haus: Solche Menschen sind sehr auf die tägliche Arbeit konzentriert und schätzen Mühe und Einsatzbereitschaft.
Saturn im sechsten Haus: In dieser Position neigt man dazu, den Verlust der Stabilität und die unvorhergesehenen Ereignisse des Lebens zu fürchten.
Jupiter im sechsten Haus: Diese Menschen haben eine große Opferbereitschaft und bemühen sich ständig, ihre Ziele zu erreichen.
Uranus im sechsten Haus: Dieser Mensch leidet oft an einem Mangel an Geduld oder Ausdauer, sowohl in seinen Beziehungen als auch am Arbeitsplatz.
Neptun im sechsten Haus: Menschen in dieser Position setzen sich mit Hingabe und Aufopferungsbereitschaft für andere ein.
Pluto im sechsten Haus: Diese Position zeichnet sich durch große Belastbarkeit und Hartnäckigkeit aus, wenn es darum geht, sich aus Schwierigkeiten zu befreien.

Das siebte Haus steht mit der Waage und dem Deszendenten in Verbindung und repräsentiert unsere Art, Beziehungen zu knüpfen, zusammenzuarbeiten und Verpflichtungen einzugehen. Diese Beziehungen können beruflich, gefühlsmäßig oder rechtlich sein. Während das erste Haus unser Selbstverständnis beschreibt, befasst sich das siebte Haus mit uns selbst als Person. Es kann auch Aufschluss über unsere Fähigkeit geben, langfristige Beziehungen zu pflegen.

Sonne im siebten Haus: Die Erfolgschancen werden durch Kontakte mit anderen erhöht. Oft werden Freunde zu Partnern.
Mond im siebten Haus: Diese Menschen fühlen sich durch harmonische, ausgewogene Beziehungen und eine ästhetisch ausgewogene, angenehme Umgebung beschützt.
Merkur im siebten Haus: Diese Menschen setzen sich normalerweise dafür ein, dass alle Parteien eine Einigung erzielen.
Venus im siebten Haus: Durch diese Position werden Liebesbeziehungen begünstigt.
Mars im siebten Haus: Dieser Mensch setzt sich in einem Konflikt in erster Linie für Gerechtigkeit ein.
Saturn im siebten Haus: Diese Menschen sind in ihren Beziehungen zu anderen oft etwas extrem.
Jupiter im siebten Haus: Die Betreffenden haben Glück in Finanzen und Beruf, sind aber immer auf ein Netz von Kontakten angewiesen, das sie schützt.
Uranus im siebten Haus: Beeinflusst die Beziehungen zu anderen. Menschen mit dieser Position sind unkonventionell und immer für eine Überraschung gut.
Neptun im siebten Haus: Mit ihrer großen Fähigkeit, zu vergeben, zu heilen und Liebesbeziehungen zu vertiefen, bringen die betreffenden Personen das Leben der Menschen, die an ihrer Seite stehen, ins Gleichgewicht.
Pluto im siebten Haus: Eine Neigung zu stürmischen und verbotenen Beziehungen kann zu inneren Konflikten führen.

Das achte Haus entspricht dem Skorpion. In diesem Haus dreht sich alles um das Okkulte und Geheimnisvolle, um Tabus und tiefgreifende Analysen. Alle Planeten in diesem Haus erhalten eine Skorpion-Nuancierung: tiefe Transformationsprozesse in den Bereichen, für die der betreffende Planet steht, eine ausgeprägte Intuition, aber auch Geheimhaltung und Mysterien. Dieses Haus wird auch mit der Beziehung assoziiert, die wir zu den Ressourcen anderer Menschen haben (im Gegensatz zum zweiten Haus, unseren eigenen Mitteln).

Sonne im achten Haus: Menschen mit dieser Position erleben viele Herausforderungen. Sie interessieren sich für Spiritualität, sogar für den Tod.
Mond im achten Haus: Diese Menschen müssen viel Intimität mit anderen aufbauen und haben eine starke transformierende Energie. Mit den Eltern, insbesondere der Mutter, können Konflikte auftreten.
Merkur im achten Haus: Die Betreffenden verlieren oftmals Informationen und unterliegen häufig Missverständnissen, haben aber auch eine ausgeprägte Fähigkeit, zu recherchieren und in die Tiefe zu gehen.
Venus im achten Haus: Mögliche Konflikte entstehen durch Eifersucht, Besitzgier und Drama. Diese Menschen haben das Bedürfnis, mit dem geliebten Partner zu verschmelzen.
Mars im achten Haus: Dieser Mensch handelt schlau und mit großem Geschick; er ist sparsam und ausdauernd.
Saturn im achten Haus: Diese Person wird im Alter wahrscheinlich eine Art spirituelle Ruhe – eine schöne Lebensphase – genießen.
Jupiter im achten Haus: Steht für die Veranlagung, Geld aus anderen Quellen als der Arbeit zu erhalten, zum Beispiel aus Erbschaften und Eheschließungen. Weist auch auf die Fähigkeit hin, zu sparen und gut mit Geld umzugehen.
Uranus im achten Haus: Weckt Interesse für das Übersinnliche.
Neptun im achten Haus: In dieser Position findet sich eine Spiritualität, die sich auf die Grenzen zwischen Traum und Wirklichkeit, Leben und Tod konzentriert.
Pluto im achten Haus: Diese Menschen erleben Transformationen von intimer und spiritueller Tiefe.

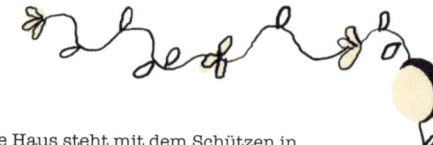

Neuntes Haus

Das neunte Haus steht mit dem Schützen in Verbindung und repräsentiert alles, was weit weg ist. Es kann mit Reisen, fremden Philosophien, Beziehungen zu Menschen aus anderen Ländern und der Suche nach dem Sinn des Lebens assoziiert werden. Es steht dem dritten Haus gegenüber (das zu den Zwillingen gehört und für unsere Beziehungen zu allem steht, was in der Nähe ist, siehe S. 129). Wenn dieses Haus im Horoskop stark ist, wird der betreffende Mensch von der Suche nach Weisheit und Wissen angetrieben.

Sonne im neunten Haus: Diese Person reist gern oder möchte ihr Leben an einem anderen Ort als ihrem Geburtsort führen und interessiert sich für ferne Länder und Kulturen.
Mond im neunten Haus: Signalisiert das Bedürfnis nach Expansion und Freiheit, aber auch nach spiritueller Suche.
Merkur im neunten Haus: Dieser Mensch will sich in philosophischer und spiritueller Hinsicht weiterbilden und interessiert sich für fremde Philosophien.
Venus im neunten Haus: Diese Menschen gehen wahrscheinlich eine engere spirituelle Verbindung mit Menschen aus anderen Kulturen oder mit Personen ein, die nicht am selben Ort leben wie sie.
Mars im neunten Haus: Diese Position steht für den Drang, sowohl den physischen als auch den geistigen Horizont zu erweitern.
Saturn im neunten Haus: Mit diesem Saturn gibt es häufige Glaubenskrisen und die oft unbefriedigende Suche nach einer übergeordneten Erklärung, die dem Leben einen Sinn gibt.
Jupiter im neunten Haus: Reichtum wird als geistiger Reichtum verstanden.
Uranus im neunten Haus: Dieser idealistische Mensch träumt von Reisen und atemberaubenden Erlebnissen.
Neptun im neunten Haus: Diese Person versucht, eine ideale Welt zu schaffen und darin zu leben, was manchmal als unmöglich empfunden wird.
Pluto im neunten Haus: Tiefe spirituelle Suche, verschiedene religiöse Überzeugungen, spirituelle Neigungen und Reisen. Dieser Mensch schafft sich sein eigenes Glaubensbekenntnis.

Zehntes Haus

Das zehnte Haus ist mit dem Medium Coeli und dem Zeichen Steinbock verbunden. Es steht für unser Maß an Zufriedenheit, unsere Fähigkeit, Ziele zu erreichen, und die Rolle, die wir in der Gesellschaft spielen. Die Planeten, die dieses Haus beherrschen, zeigen uns den Weg, um durchzuhalten, unsere Ziele zu erreichen und mit unserem Leben zufrieden zu sein.

Sonne im zehnten Haus: Dieser ehrgeizige Mensch strebt danach, Reichtum zu erlangen und seine soziale Stellung zu verbessern. Aufgrund dieser Veranlagung kann er bei schlechter Aspektierung andere Bereiche seines Lebens zurückstellen.
Mond im zehnten Haus: Dieser Mensch braucht Status und Reichtum, um sich emotional sicher zu fühlen.
Merkur im zehnten Haus: Diese Person hat sehr klare Ziele und einen wachen, systematisch denkenden Verstand.
Venus im zehnten Haus: Diese Menschen denken beim Eingehen einer Beziehung sehr rational: Ihnen geht es um ihren Status und das, was der andere ihnen bieten kann; sie neigen weniger zu romantischen Gefühlen.
Mars im zehnten Haus: Ehrgeiz und Streben nach sozialem Aufstieg, logisches Denken und Objektivität sind die Haupteigenschaften dieser Menschen.
Saturn im zehnten Haus: Angst vor Rufschädigung, Spott und finanziellen Einbußen sind typische Merkmale dieser Position.
Jupiter im zehnten Haus: Ein sehr gutes Haus für Jupiter. Diese Menschen sind in der Regel finanziell erfolgreich und steigen auf der sozialen Leiter auf.
Uranus im zehnten Haus: Diese Position verleiht viel Charakter und Charisma und deutet auf geborene Führungspersönlichkeiten hin, die die Gesellschaft umgestalten oder einen neuen Status quo schaffen wollen.
Neptun im zehnten Haus: Der Lebensstil dieser Person ist kultiviert, aber auch etwas unkonventionell, und sie schätzt Kunst in all ihren Formen. Sie neigt zu Snobismus.
Pluto im zehnten Haus: Dominante und ehrgeizige Menschen mit angeborenem Charisma, die zu moralischen Grenzüberschreitungen tendieren, um Machtpositionen zu erlangen.

Das elfte Haus ist mit dem Zeichen Wassermann verbunden. Es steht für unseren Platz in der Gesellschaft, dafür, wie wir uns in eine Gruppe integriert fühlen, und für unser Gefühl, zu etwas Größerem, Transzendenterem und Einflussreicherem als wir selbst zu gehören. Es beschreibt unseren Einfluss in einer Gruppe – in gesellschaftlichen Gruppen, nicht in unserer engsten Umgebung. Menschen mit einem starken elften Haus sind einflussreich und können durch ihr Innovationstalent etwas bewirken.

Sonne im elften Haus: Diese Sonne glänzt vor allem in Gruppen, unter Freunden und in der Gesellschaft.
Mond im elften Haus: Diese Position signalisiert das emotionale Bedürfnis nach Entfaltung zusammen mit anderen Menschen.
Merkur im elften Haus: Kommunikative, innovative und künstlerische Menschen.
Venus im elften Haus: Diese Menschen sind unabhängig, brauchen aber auch intellektuelle Anregung in einer Beziehung.
Mars im elften Haus: Dieser Mensch drückt sich auf eine persönliche und originelle Weise aus, wirkt aber auch in der Gruppe.
Saturn im elften Haus: Da es ihnen schwerfällt, sich einer Gruppe zugehörig zu fühlen, neigen diese Menschen zur Isolation.
Jupiter im elften Haus: Beziehungen zu einflussreichen Personen sind ein Garant für den Erfolg.
Uranus im elften Haus: Diese Menschen sind originell, besonders und anders, und sie bleiben nicht unbemerkt.
Neptun im elften Haus: Diese Person sucht die Beziehung zu besonderen Menschen, weil sie sich selbst auch als etwas Besonderes empfindet.
Pluto im elften Haus: Solchen Menschen fällt es schwer, sich an die Realität anzupassen. Emotionale Misserfolge sind nicht auszuschließen.

Das zwölfte Haus steht mit dem Zeichen Fische in Verbindung und ist das spirituellste Haus von allen. Dieses Haus schließt das Rad des Tierkreises. Es repräsentiert den Geist, die Psyche, das kollektive Unbewusste und das Mystische. Aufgrund seiner extremen Sensibilität signalisiert es uns auch Ängste und Unsicherheiten, Probleme beim Ziehen von Grenzen und alles, was mit Opfern und spiritueller Vereinigung zu tun hat. Ein Planet in diesem Haus erhält in dem Bereich, den er beeinflusst, eine sehr sensible, aber unsichere Nuancierung.

Sonne im zwölften Haus: Sie beeinflusst, ob dieser Mensch traurig, melancholisch oder einsam ist.
Mond im zwölften Haus: Diese verträumten Menschen suchen ihre emotionale Zuflucht meist in ihrer Innenwelt und leiden, wenn es darum geht, sich anderen zu öffnen.
Merkur im zwölften Haus: Die Kommunikation mit diesen Menschen kann verwirrend sein, aber sie haben die Fähigkeit, das Spirituelle und Abstrakte wahrzunehmen.
Venus im zwölften Haus: Diese Menschen suchen Einsamkeit und Zeit für sich selbst. Es fällt ihnen schwer, bedeutungsvolle persönliche Beziehungen aufzubauen – sie sind schüchtern und etwas zurückgezogen.
Mars im zwölften Haus: Individualistische und unabhängige Menschen, die jedoch sensibel und intuitionsbegabt sind.
Saturn im zwölften Haus: Dieser Mensch balanciert zwischen Unabhängigkeit und Gruppenzugehörigkeit hin und her. Die Spiritualität des zwölften Hauses gleicht seine Saturn-typische Angst aus.
Jupiter im zwölften Haus: Jupiter schützt vor der für dieses Haus typischen starken Sensibilität für übersinnliche Dinge.
Uranus im zwölften Haus: Die Betroffenen fühlen sich oft unverstanden und von ihrer Umwelt isoliert.
Neptun im zwölften Haus: Menschen mit einer produktiven Innenwelt, die sich leicht ausdrücken können und übersinnliche oder künstlerische Fähigkeiten haben.
Pluto im zwölften Haus: Pluto in diesem Haus ist eine der tiefgründigsten und intuitivsten Positionen auf geistiger und unterbewusster Ebene. Er steht für eine tiefe Suche nach geheimnisvollen und tabuisierten Themen.

6. Das Geburtshoroskop

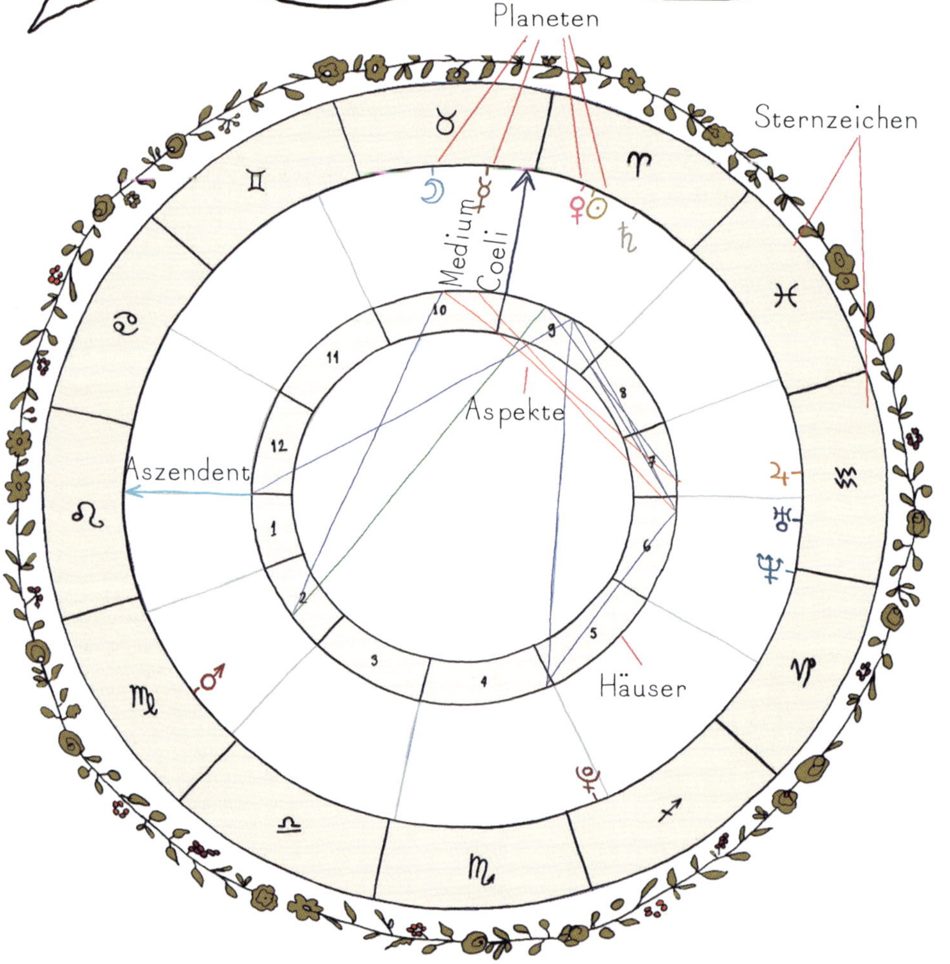

Nachdem wir nun alle Elemente des Geburtshoroskops einzeln untersucht haben, ist es an der Zeit zu erkunden, wie man dieses Horoskop deutet. Das Geburtshoroskop ist die grafische Darstellung der Planetenpositionen zum Zeitpunkt unserer Geburt an unserem Geburtsort. Es beschreibt die Energie, die bei unserer Geburt herrschte. Rufen wir uns noch einmal in Erinnerung, welche Elemente wir bisher besprochen haben (die in der obigen Illustration zu sehen sind):

Sternzeichen: Sie liegen auf dem äußersten Rad, jedes Zeichen hat ein anderes Symbol.

Planeten: Die Symbole stellen die Position der Planeten in den verschiedenen Sternzeichen und Häusern dar (☽, ♄, ☿ und so weiter).

Häuser: Die verschiedenen astrologischen Lebensbereiche, dargestellt auf dem inneren Rad mit Zahlen (jede Zahl steht für ein Haus).

Und nun haben wir auch ein klareres Bild von den Aspekten (dargestellt durch die Linien, die einige Planeten mit anderen verbinden). Wie wir gleich sehen werden, zeigen die Aspekte, wie die Planeten zueinander stehen – ob die Winkel zwischen ihnen günstig oder ungünstig sind. Um dein Geburtshoroskop zu erhalten, kannst du Ort, Datum und Uhrzeit deiner Geburt in einen Onlinerechner für Horoskope eingeben.

Aspekte: Winkel zwischen den Planeten

Aspekte sind die Winkel, die die Planeten zueinander bilden. Einige Aspekte sind positiv und harmonisch; sie zeigen ein gutes Zusammenwirken in den Bereichen an, die von diesen Planeten beeinflusst werden, und führen dazu, dass sich der Mensch in diesen Bereichen zufrieden fühlt. Andere Aspekte sind spannungsreich und geben der Person das Gefühl, dass diese Bereiche eine Herausforderung darstellen, die es zu bewältigen gilt. Um nach der Erstellung des Geburtshoroskops die Aspekte zu messen, verwendet man einen Winkelmesser. Die wichtigsten Aspekte sind:

Konjunktion
 0°

Dies ist der Fall, wenn zwei oder mehr Planeten sehr nah beieinanderstehen (zwischen 0 und 10 Grad). Man spricht auch von einer Konjunktion, wenn sie im selben Zeichen eng zusammenstehen. Dies ist ein positiver Aspekt – die Planeten arbeiten zusammen.

Stellium

Das ist eine Gruppierung von drei oder mehr Planeten im selben Zeichen. Es stärkt deine Energie. Je mehr Planeten sich in einem Zeichen befinden, desto mehr trägst du von diesem Zeichen in dir: »Du bist ein echter Fisch!« – »Klar, ich hab ja auch ein Stellium in den Fischen.«

Sextil
✳60°

Das Sextil ist ein Aspekt von etwa 60 Grad und gilt als günstig. Es deutet auf Kommunikation und Harmonie zwischen den beteiligten Planeten hin, was bedeutet, dass man mit ein bisschen Einsatz viel bewirken kann.

Quadrat
□ 90°

Das ist ein starker, ungünstiger Aspekt, bei dem zwei Planeten einen Winkel von 90 Grad bilden. Die Energien der beiden Planeten stehen in einem Spannungsverhältnis zueinander, das der Betreffende berücksichtigen und an dem er arbeiten muss.

Trigon
△ 120°

Das Trigon ist ein Winkel von 120 Grad zwischen zwei Planeten und ein positiver Aspekt: Diese beiden Planeten arbeiten in Harmonie und Frieden zusammen. Das Trigon kann eine sehr starke Wirkung haben.

Quincunx
⚹ 150°

Das Quincunx ist ein Winkel von 150 Grad zwischen zwei Planeten. Seine Wirkung vereint auf überraschende und dynamische Weise Elemente des Lebens, die normalerweise nicht miteinander kommunizieren oder zueinander in Beziehung stehen.

Opposition
 180°

Das ist ein 180-Grad-Aspekt, bei dem sich zwei Planeten gegenüberstehen. Es handelt sich um einen mächtigen, schwer zu verarbeitenden Aspekt, der die beiden Planeten gegeneinander kämpfen lässt. Er erzeugt Ängste und Unsicherheiten.

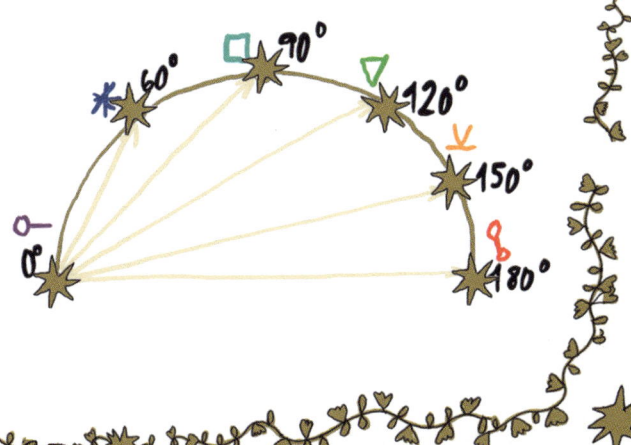

Wenn ein Geburtshoroskop in einem der vier Quadranten stark konzentriert ist, hat dies Auswirkungen, die normalerweise folgendermaßen gedeutet werden:

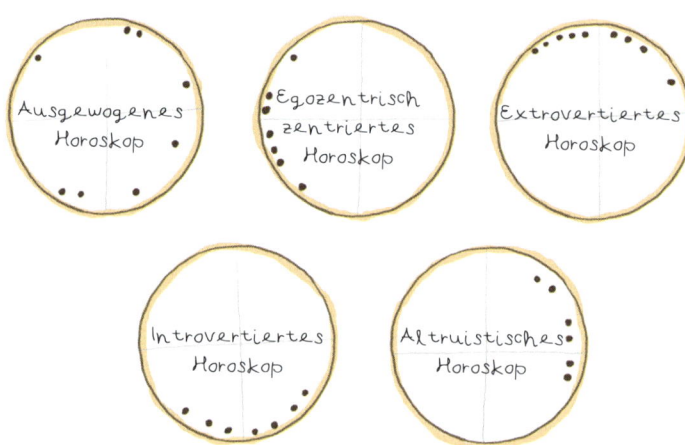

Du kannst das Geburtshoroskop nicht nur als Kreisdiagramm, sondern auch als Liste lesen, oder du kannst einfach aufschreiben, in welchem Zeichen und Haus sich ein Planet befindet, um es besser zu verstehen. Sowohl die Liste als auch das Diagramm liefern die gleichen Informationen, wobei das Diagramm vollständiger ist, da die Aspekte und Ausrichtungen darin direkt zu sehen sind.

☉	SONNE	Widder im neunten Haus
☽	MOND	Stier im zehnten Haus
☿	MERKUR	Stier im zehnten Haus
♀	VENUS	Widder im neunten Haus
♂	MARS	Jungfrau im zweiten Haus
♃	JUPITER	Wassermann im siebten Haus
♄	SATURN	Widder im neunten Haus
♅	URANUS	Wassermann im sechsten Haus
♆	NEPTUN	Steinbock im sechsten Haus
♇	PLUTO	Schütze im vierten Haus
☊	NÖRDLICHER MONDKNOTEN	Waage im elften Haus
☋	SÜDLICHER MONDKNOTEN	Widder im elften Haus
ASC	ASZENDENT	Löwe im ersten Haus
MH	MEDIUM COELI	Stier im zehnten Haus

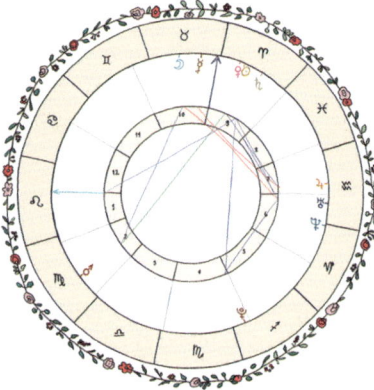

Auf den nächsten Seiten findest du eine grundlegende Anleitung zur Erstellung und Deutung eines Geburtshoroskops und außerdem ein leeres Kreisdiagramm, in das du dein eigenes Geburtshoroskop einzeichnen kannst – du kannst es aber auch abpausen und als Vorlage verwenden.

Anleitung zur Erstellung und Deutung eines Geburtshoroskops

Führe die folgende Übung mit deinem eigenen Geburtshoroskop oder mit dem eines Familienmitglieds oder Freundes durch.

1. Suche einen Online-Horoskoprechner und gib die Daten ein (Name der Person sowie Datum, Ort und Uhrzeit der Geburt).

2. Trage in die Vorlage auf der nächsten Seite folgende Informationen ein: Name, Ort, Zeit und Datum.

3. Zeichne das Symbol des Aszendenten und des ersten Hauses übereinander und verteile die übrigen Zeichen und Häuser in der Reihenfolge des Tierkreises auf dem Diagramm des Geburtshoroskops.

4. Trage die Sternzeichen, Häuser und Planeten ein.

5. Jetzt ist es an der Zeit, die Planeten zu platzieren. Denke daran, dass jedes Zeichen 30 Grad hat. Für den Anfang platzierst du das Symbol jedes Planeten in seinem Zeichen (ähnlich wie im Beispiel auf der vorherigen Seite) in der Nähe seines Grades. Wenn du dir nicht sicher bist, wie du das machen sollst, kannst du den Onlinerechner als Referenz verwenden, du solltest aber genau über den Platz der einzelnen Planeten nachdenken.

6. Da du nun sehen kannst, in welchem Haus und Zeichen sich die Planeten befinden, trage sie in die Liste links unten ein. Gibt es ein Zeichen, in dem mehrere Planeten stehen? Leere Häuser? Irgendein Haus mit mehreren Planeten? Schreibe alles auf die Notizseite (rechts neben der Vorlage) und notiere, was es bedeutet. Es macht nichts, wenn du dich nicht an alles erinnern kannst. Schau dann einfach auf den entsprechenden Seiten in diesem Buch nach, was die einzelnen Elemente bedeuten.

7. Jetzt fehlen nur noch die Aspekte. Um sie zu erkennen, brauchst du ein Lineal und einen Winkelmesser. Nimm einen dünnen Bleistift und verbinde den Planeten mit dem Mittelpunkt des Horoskops. Der Punkt, an dem sich die Linie mit dem Häuserkreis schneidet, ist der Punkt, den du verbinden musst, um die Aspekte zu sehen (siehe das Beispiel auf S. 134). Ermittle dann, ob die Planeten die angegebenen Aspekte bilden (Konjunktion, Sextil, Opposition und so weiter). So findest du heraus, was ein Aspekt bedeutet:

   a. Analysiere, welche Planeten beteiligt sind, und sieh dann nach, welche Energie zu jedem dieser Themen gehört und in welchem Haus sie sich befinden.
   b. Denke über die Auswirkungen des Aspekts nach.
   c. Notiere, welche Art von Dynamik zwischen diesen Planeten entsteht.

8. Führe eine allgemeine Bewertung des Horoskops durch: Weist es in einem Element viel Energie auf? Enthält es mehrere Quadrate? Ziehe deine eigenen Schlüsse und übe mit Freunden, um zu lernen, Muster zu erkennen – es ist alles eine Frage von Versuch und Irrtum und Intuition.

Geburtshoroskop von:

_____

🏠 Geburtsort: _____   🕑 Datum und
                                    Uhrzeit: [ ]/[ ]/[ ][ ]

                                              [ ][ ] : [ ][ ]

☀ Sonne   🌙 Mond   Aszendent

Zeichen: _____ Haus: _____   Zeichen: _____ Haus: _____   Zeichen: _____

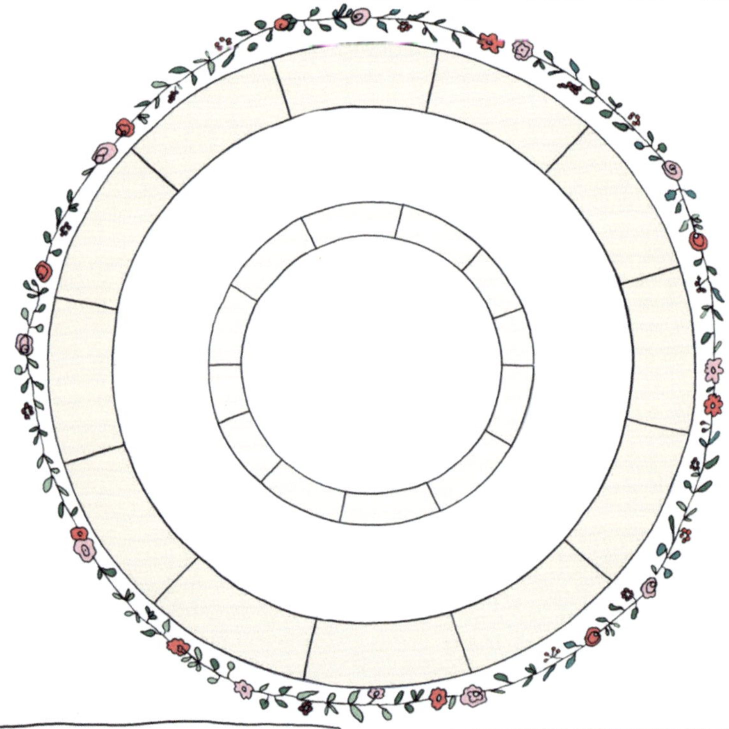

	Zeichen:	Haus:
☿ Merkur	Zeichen: _____	Haus: _____
♂ Venus	Zeichen: _____	Haus: _____
♀ Mars	Zeichen: _____	Haus: _____
♃ Jupiter	Zeichen: _____	Haus: _____
♄ Saturn	Zeichen: _____	Haus: _____
♅ Uranus	Zeichen: _____	Haus: _____
♆ Neptun	Zeichen: _____	Haus: _____
♇ Pluto	Zeichen: _____	Haus: _____

Vorherrschendes Element: _____

Wichtigste Aspekte:

☐ _____

☐ _____

☐ _____

Notizen zur Deutung

Häufig gestellte Astro-Fragen

Wie ist das bei Zwillingen (Geschwistern)?

Wie zu Beginn dieses Buches kurz angesprochen (siehe S. 18), werden die Geburtshoroskope von Zwillingen nach komplementären Gegensätzen untersucht. Um das Geburtshoroskop von Zwillingen auf einfache Art und Weise zu verstehen, berechnet man das Geburtshoroskop ganz normal, schreibt die Planeten, Häuser und Zeichen in Listenform auf und notiert daneben die komplementären Gegensätze jeder Position:

Zwilling 1
Sonne: Stier
Mond: Löwe

Zwilling 2
Sonne: Skorpion
Mond: Wassermann

und so weiter mit den restlichen Positionen.

Welches gehört zu wem? Um herauszufinden, welches Geburtshoroskop zu welchem Zwilling gehört, analysiere einfach beide, sprich mit ihnen, und jeder der beiden wird sofort wissen, mit welchem Horoskop er/sie sich am meisten identifiziert. Diese Komplementärenergie zwischen Zwillingen kommt zustande, weil ihre Persönlichkeiten, auch wenn sie unterschiedlich erscheinen mögen, zwei Seiten derselben Medaille sind, weshalb sich ihre Lebenswege selten trennen.

Was mache ich, wenn ich aufgrund meines Sonnenzeichens nicht zu meinem Partner passe? Soll ich ihn verlassen?

Nein, natürlich nicht! Die »Inkompatibilität« deines Sonnenzeichens ist nicht wichtig. Wenn du die wahre Kompatibilität zwischen zwei Menschen herausfinden willst, ist es am einfachsten, eure Horoskope gemeinsam zu analysieren. Dazu müsst ihr beide Horoskope berechnen und jeden Planeten vergleichen: Venus mit Venus, Mars mit Mars. Wir haben ja für jedes Zeichen untersucht, wie kompatibel es mit anderen ist, und diese Übung kannst du auf jede Position im Horoskop anwenden.

Sind ein astrologisches Horoskop und ein Geburtshoroskop dasselbe?

Das astrologische Horoskop ist eine Karte des Himmels zu einem bestimmten Zeitpunkt. Das Geburtshoroskop ist das astrologische Horoskop zum Zeitpunkt der Geburt einer Person.

Haben sich die Sternzeichen geändert? Ist der Schlangenträger ein neues Zeichen?

Nein, sie haben sich nicht geändert. Die Zeichen sind dieselben wie immer. Der Schlangenträger ist nur ein weiteres Sternbild. Die Verwirrung rührt daher, dass vor einigen Jahren das Gerücht kursierte, die NASA habe den Schlangenträger zu einem neuen Sternzeichen erklärt. In Wahrheit hat die NASA so etwas nie gesagt, und selbst wenn sie es getan hätte, hätte ihre Entscheidung keinen Einfluss auf die Astrologie.

Warum kann ich mich nicht mit meinem Sternzeichen identifizieren?

Du bist viel mehr als nur dein Sonnenzeichen. Erstelle dein Geburtshoroskop, schreibe alle Planeten und Zeichen, alle Häuser und Aspekte auf und analysiere dann, womit du dich identifizieren kannst und womit nicht.

Ich möchte noch einmal betonen, dass die Astrologie ein seit der Antike genutztes Instrument ist, um die Welt und uns selbst zu verstehen. Es ist ein riesiges Forschungsgebiet.

Ich hoffe, dass ich dir einen Überblick über die wichtigsten Zusammenhänge der Astrologie geben konnte und dass dieses Buch ein unterhaltsamer Leitfaden für alle Menschen ist, die in diese spannende Welt einsteigen wollen.

Ich würde mich freuen, wenn deine Lernreise in der Astrologie gerade erst anfängt und du viel Spaß dabei hast.

Carlota

Carlota Santos ist Architekturstudentin und
Illustratorin und lebt in Spanien. 2020 begann sie,
auf Instagram unter dem Namen @carlotydes
Zeichnungen zu Astrologie-Themen zu teilen – aus
ihrer eigenen Perspektive und mit einer Prise Humor.
Mit Tausenden von Followern rund um den Globus ist
Carlota Santos eine lebhafte und einzigartige Stimme
im Astrologie-Universum, die das Thema auf visuelle
Art und Weise vermittelt.